# INHALT

> SZENE

S. 12–15: Trends, Entdeckungen, Hotspots! Was wann wo in Potsdam los ist, verrät der MARCO POLO Szeneautor vor Ort

> 24 STUNDEN

S. 100/101: Action pur und einmalige Erlebnisse in 24 Stunden! MARCO POLO hat für Sie einen außergewöhnlichen Tag in Potsdam zusammengestellt

> LOW BUDGET

Viel erleben für wenig Geld! Wo Sie zu kleinen Preisen etwas Besonderes genießen und tolle Schnäppchen machen können:

Vergünstigungen mit der Potsdam Card S. 50 | Hausgemachte Pasta zu fairen Preisen S. 67 | Katjes kaufen, wo sie entstehen S. 71 | Livemusik für umsonst S. 74 | Privatzimmer und Ferienwohnungen S. 79 | Kostenlose Brauereiführung S. 90

> GUT ZU WISSEN

Blogs & Podcasts S. 33 | Zuschauersport S. 42 | Bücher & Filme S. 54 | Gourmettempel S. 64 | Spezialitäten S. 66 | Luxushotels S. 80 | Glienicker Brücke S. 86

**AUF DEM TITEL**
Palmen und Wasserfälle im Tropengarten Biosphäre S. 57
In-Viertel Nauener Tor S. 12

10

11

# ENTDECKEN SIE POTSDAM!

Unsere Top 15 führen Sie an die traumhaftesten Orte und zu den spannendsten Sehenswürdigkeiten

*Die Highlights sind in der Karte auf dem hinteren Umschlag eingetragen*

**1 Musikfestspiele Potsdam Sanssouci**
Vielseitiges Programm mit international renommierten Künstlern und Ensembles (Seite 21)

**2 Krongut Bornstedt**
Alte Handwerksberufe, Kaisersalons und mehr im einstigen Hohenzollern-Mustergut (Seite 30)

**3 Neues Palais**
Möbel, Porzellan, Kunsthandwerk sowie 20 000 Mineralien und Versteinerungen als Zierde im Grottensaal (Seite 31)

**4 Park Sanssouci**
Natur, Schlösser, Skulpturen und Fontänen vereinen sich zu einem einzigartigen Gesamtkunstwerk (Seite 31)

**5 Schloss Sanssouci**
Perle des Rokoko: Sanssouci mit seinen Weinbergterrassen war der bevorzugte Wohnsitz des legendären Preußenkönigs Friedrich des Großen (Seite 35)

**6 Marmorpalais**
In der ehemaligen Sommerresidenz von König Friedrich Wilhelm II. im Neuen Garten am Ufer des Heiligen Sees sind kostbare Kunstwerke zu bewundern (Seite 40)

**7 Schloss Cecilienhof**
Die Wohnräume des letzten deutschen Kronprinzenpaares schrieben Geschichte: Hier unterzeichneten die vier Siegermächte 1945 das „Potsdamer Abkommen" (Seite 46)

# > DIE BESTEN MARCO POLO HIGHLIGHTS

 **Filmmuseum**
Ausstellung zur deutschen
Filmgeschichte (Seite 50)

 **Holländisches Viertel**
Ein kleines holländisches Idyll
mitten im Stadtzentrum von Potsdam
(Seite 52)

 **Biosphäre Potsdam**
Palmen, Gewitter mit Regenschauer,
ein Wasserfall sowie Geräusche des
Regenwaldes schaffen Tropenatmo-
sphäre (Seite 57)

 **Filmpark Babelsberg**
Stuntshow, Actionkino, Ausstellungen
und weitere Erlebnisse auf dem Gelände der einst größten Traumfabrik
Europas (Seite 57)

 **Waschhaus**
Bands mit großen oder noch unbekann-
ten Namen bringen das Publikum zum
Toben (Seite 74)

 **Schlosstheater**
Bereits Friedrich der Große frönte im
Theater des Neuen Palais den Musen
(Seite 75)

 **Pfaueninsel**
Zum Welterbe gehörende Havelinsel mit
einem schneeweißen Lustschlösschen
(Seite 84)

 **Caputh**
Viel Wasser, eine alte Fähre, ein Schloss
mit 7000 himmelblauen Delfter Fliesen
sowie das Sommerhaus von Albert
Einstein (Seite 86)

# WAS FÜR EINE STADT!

Potsdams Brandenburger Tor

# AUFTAKT

> Zauberhafte Schlösser mit Kunstschätzen, ausgedehnte Parks mit Fontänen und Skulpturen – und eine lebendige Innenstadt mit Kneipen, Restaurants und kleinen Läden. Potsdam bietet Kunst, Kultur und viel Geschichte. Die Russische Kolonie Alexandrowka und das Holländische Viertel faszinieren ebenso wie die Villen in Neu-Babelsberg und der Filmpark Babelsberg. Alles ist eingebettet in eine Seen- und Flussland-schaft, die schon Theodor Fontane und Preußens Könige begeisterte – und die viele Besucher heute mit dem Schiff neu erkunden. Entdecken auch Sie eines der beliebtesten Reiseziele in Deutschland: Potsdam.

> Wer Potsdam hört, denkt an Schlösser und Gärten, an Kunst, Kultur und Seen, neuerdings auch an Fernsehmoderator Günther Jauch und Modezar Wolfgang Joop. Vielleicht auch an das Potsdamer Abkommen, die Glienicker Brücke und die 1. Frauenfußballmannschaft von Turbine Potsdam, eine der erfolgreichsten Europas. Doch nach wie vor verbindet sich der Name Potsdam vor allem mit Schloss Sanssouci. Preußenkönig Friedrich II., in die Geschichte als Friedrich der Große eingegangen, haben wir die Perle des Rokoko zu verdanken. Hätte es diesen Friedrich nicht gegeben, wären wir wohl um den größten Park- und Schlosskomplex nördlich der Alpen ärmer.

> Wer Potsdam hört, denkt vor allem an Schloss Sanssouci

Doch neben dem Schloss Sanssouci lockt Potsdam auch mit anderen Attraktionen, die entdeckt werden wollen. Eine gute Einstimmung ist ein Gang durchs Holländische Viertel, die größte holländische Siedlung außerhalb der Niederlande. In den kleinen Läden können Sie shoppen, und in Dutzenden von Restaurants, Cafés und Bars es sich gut gehen lassen. Einheimische und Touristen finden sich in den Backsteinhäusern einmütig an Tischen und Tresen zusammen.

Oder lenken Sie ihre Schritte in die Russische Kolonie Alexandrowka, ein Stück Russland in Europas Mitte. Wie ein Freilichtmuseum zeigen sich die bilderbuchhaften Holzhäuser. Mancher Tourist soll schon durch ein offen stehendes Hoftor spaziert sein, um sich bei den verdutzten Bewohnern zu erkundigen, wo denn die Kasse sei und der Rundgang beginne.

Über 20 000 Studenten bevölkern die brandenburgische Landeshauptstadt und haben frisches Leben nach Potsdam gebracht. In-Treff ist heute das

Am Luisenplatz beginnt Potsdams Fußgängerzone mit Cafés und zahlreichen kleinen Läden

Jahrzehnte vom Militär besetzte Gebiet zwischen Neuer Garten und Babelsberger Park, die Schiffbauergasse. Eine lebendige Kunst- und Kulturszene hat sich hier entwickelt. Das Waschhaus, die Maschinenhalle und die Husarenpferdeställe wurden restauriert, eingezogen sind Kunst und Künstler. Das Theater und der Uferpark entstanden neu, und das Schiffsrestaurant „John Barnett" sowie das italienische Restaurant „Il Teatro" locken mit Gaumenfreuden verschiedenster Art.

Die Potsdamer fühlen sich in ihrer Stadt wohl, sie haben also allen Grund zum Feiern. Jazzfestival, Tanztage, Musikfestival – viele Events erfreuen sich überregional eines guten Rufes. Doch der Superlativ aller Veranstaltungen ist die „Schlössernacht", ein rauschendes Spektakel mit Glanz und Gloria, mit Hunderten von Künstlern und rund 30 Spielorten, auf denen erst lange nach Mitternacht die Lautsprecher abgestellt werden. Zehntausende sitzen in den Startlöchern, wenn zum Vorverkauf gerufen wird. Nicht ein-

> **Der Superlativ der Events ist die „Schlössernacht" im August**

mal zwei Stunden dauert es jedes Jahr, dann sind alle 32 000 Karten verkauft, rund neun Monate vor diesem Super-Event. Wer kein Ticket ergattern konnte, dem seien die „Nächtlichen Schlösserimpressionen" empfohlen, romantische Fahrten auf einem Ausflugsschiff, vorbei an festlich beleuchteten Schlössern.

Potsdam ist in. Im Gegensatz zu anderen Städten im Osten Deutschlands gibt es hier keinen Bevölkerungsrückgang, die Havelstadt gilt als die familienfreundlichste in Deutschland. Mehr als 30 Einrichtungen setzen der kreativen Gestaltung der Kinder und Jugendlichen keine Grenzen. Über 120 Sportvereine sind vorhanden, es gibt sogar ein eigenes Kinder- und Jugendtheater. Im neuen Volkspark, den die Bundesgartenschau 2001 hinterlassen hat, treffen sich die Inlineskater, werden Fahrradrennen veranstaltet und Würstchen gegrillt. Das alles ist in den drei großen Schloss- und Landschaftspark der Stadt verboten. Denn über die hält die Unesco ihre Hand, damit auch kommende Generationen sich an diesen Kunstwerken erfreuen können.

In Potsdam begegnen sich Vergangenheit und Gegenwart mehr als anderswo. Die Havelstadt, einst die zweite Residenz der preußischen Könige und deutschen Kaiser, galt als Symbol für den preußisch-deutschen Militarismus, der der Welt nichts Gutes bescherte: Am Abend des 1. August 1914 unterzeichnete Kaiser Wilhelm II. an seinem Schreibtisch im Neuen Palais die Verkündigung des Kriegszustandes. Vier Jahre später flüchtete er in das holländische Doorn. 59 Bahnwaggons, vollgestopft mit Möbeln, Bildern, Porzellan, Silber und einem Auto, rollten hinterher. Am 21. März 1933 dann, dem „Tag von Potsdam", wurde in der Hof- und Garnisonkirche Adolf Hitler mit großem militärischem Pomp als Reichskanzler vereidigt, zwölf Jahre später flog die britische Royal Air Force einen Angriff auf Potsdam. Der britische Heeresbericht meldete danach „Potsdam besteht nicht mehr".

Bis 1989 fristete Potsdam im Schatten der um West-Berlin errichteten Mauer ein kümmerliches Dasein. Wer seit DDR-Zeiten nicht mehr in Potsdam gewesen ist, der heutigen Landeshauptstadt des Bundeslandes

> **Potsdam erstrahlt in neuem Glanz**

Brandenburg, kommt aus dem Staunen nicht heraus. Die prachtvollen Geschäftshäuser, die historischen Stadttore und luxuriösen Villen erstrahlen in neuem Glanz, der Stadtkanal entstand wieder, der neue Lustgarten wurde eine Zierde. Potsdam wandelte sich vom Militärstandort zur Wissenschafts- und Medienstadt

und setzt auf den Tourismus. Hotels wurden gebaut, unzählige Gaststätten eingerichtet. Und es geht weiter. Nach jahrelangen Zwistigkeiten ist es nun endlich beschlossen: Potsdam erhält sein in der Bombennacht 1945 zerstörte Stadtschloss, dessen Ruine 1959/60 abgetragen wurde, wieder zurück. Das Bauwerk wird – weitgehend dem historischen Grundriss folgend – mit der originalgetreuen barocken Außenfassade wieder aufgebaut. Spätestens ab dem Jahr 2014 bildet es erneut das Herz des Stadtzentrums mit einem modernen, funktionalen Inneren als Landtag.

Potsdam ist international bekannt, denn Deutschlands Hauptstadt Berlin ist nur einen Katzensprung entfernt, und wenn ausländischen Staats- und Regierungschefs etwas Besonderes geboten werden soll, fährt man mit ihnen in die nahe Havelstadt. Sogar Weltgeschichte wurde hier geschrieben: Nach dem Zweiten Weltkrieg trafen sich die Staatschefs der Siegermächte im Schloss Cecilienhof, um die europäische Nachkriegsordnung zu beschließen. Als „Potsdamer Abkommen" ist das Dokument in die Geschichtsbücher eingezogen. Auch die Glienicker Brücke ist weltbekannt. Während des Kalten Krieges tauschte man hier Agenten zwischen Ost und West aus, die Fernsehbilder gingen rund um den Globus.

Ganz andere Bilder sind in der Filmstadt Babelsberg entstanden, wo die legendäre Ufa Filme produzierte, die Generationen begeisterten, so 1929 den ersten vollständigen deutschen Tonfilm „Melodie des Herzens" und

1941 den ersten abendfüllenden deutschen Farbfilm „Frauen sind

> **Heute trifft sich Hollywood in Babelsberg**

doch bessere Diplomaten". Zu DDR-Zeiten drehte die Defa in der Filmstadt, ihre Stars waren die bald auch im Westen bekannten Regisseure Frank Beyer, Heiner Carow, Konrad Wolf und die Schauspieler

Naomi Watts sowie Armin Mueller-Strahl und die deutsch-englische Koproduktion „Speed Racer" mit Susan Sarandon und John Goodman. Seit Ende des Zweiten Weltkrieges sind in den Babelsberger Ateliers mehr als 1200 Kino- und Fernsehfilme entstanden, und ständig kommen neue dazu.

„Wenn Sie diese Stadt sehen, wird sie Ihnen gefallen," soll Friedrich der Große selbstbewusst ausgerufen ha-

Regionales wie „Spreewälder Gurken" gibt's auf dem Bauernmarkt am Weberplatz

Annekathrin Bürger, Angelica Domröse und Manfred Krug. Heute trifft sich Hollywood in Babelsberg. Zu den jüngsten internationalen Großproduktionen zählen der Action-Triller „The International" mit den Hollywood-Stars Clive Owen und

ben. Niemand hat ihm bis heute widersprochen. Und Jauch, Joop & Co. hätten sich wohl kaum ihr Zuhause in Potsdam eingerichtet, wären sie nicht auch der Meinung: Potsdam ist eine lebens- und liebenswerte Stadt, eine der schönsten Deutschlands.

# TREND GUIDE POTSDAM

Die heißesten Entdeckungen und Hotspots! Unser Szene-Scout zeigt Ihnen, was angesagt ist

### Oliver Gerhard

arbeitet als freier Journalist und Fotograf. Er ist für Reisemagazine, Tageszeitungen und Radiosender weltweit unterwegs, um die neuesten Trends und ausgefallensten Geschichten aufzuspüren. Als Berliner kennt er sich in der Szene Potsdams ebenso gut aus wie in der seiner Heimatstadt. Besonders die vielen Events und Ausstellungen dort haben es ihm angetan.

 # NIGHTLIFE-HOTSPOT

### Ein Viertel mausert sich

Die Gegend rund um das Nauener Tor ist der neue Place to be. Überall findet man hippe Restaurants und Bars, wie das *Hafthorn*. Die angesagte Adresse ist ein Mix aus Studentenkneipe und Livemusik-Location *(Friedrich-Ebert-Str. 90, www.hafthorn.de)*. Direkt im Tor hat man die Wahl zwischen asiatischer Fusion-Küche im Restaurant *Tao* mit Jakobsmuscheln an Joghurt-Korianderdip *(im Nauener*

*Tor, Westflügel, www.tao-potsdam.de)* oder französischer Haute Cuisine mit sautiertem Schweinefilet im Speckmantel auf Roquefortsauce im *Petite Pauline (Friedrich-Ebert-Str., im Nauener Tor)*. In der *Prosecceria Rossini* trifft man sich zu Aperitif oder Absacker und zu den legendären Havanna-Partys *(Friedrich-Ebert-Str. 88, www.bar-rossini.de)*. Auch das erste Gay-Café der Stadt hat sich als Location das Viertel um das Nauener Tor ausgesucht. Das Interior von *La Leander* geht von Kinosesseln über kitschig-kultige Tapeten bis hin zum Madonnenkult. Der Wirt verkauft selbst gemixte „Dr. Teufels scharfe Limonade", mit Ingwer, Chilli und Curry. Hot und abgefahren *(Benkertstr. 1, www.laleander.de)*!

# SZENE

## ▶▶ HANDMADE

### Individuell und exklusiv

Kreativität und witzige Ideen zeichnen die neuen Shops mit handgemachten Dingen aus. Ob herb oder lieblich – eine Aromatherapeutin mixt bei *Bad & Balsam* Düfte speziell für jeden Geschmack *(Jägerstr. 11, www.bad-und-balsam.de,* Foto). Bei *Classic und Design* werden Gebrauchsgegenstände zu kultigen Retro- und Designobjekten, was z. B. die weißen Keramiktassen in geknickter Partybecheroptik beweisen *(Benkertstr. 18, www.classic-design-potsdam.de)*. Schokolade macht glücklich, besonders wenn sie wie bei *Schokokunst* in Form von Schokobier daher kommt *(Hebbelstr. 46, www.schokokunst-potsdam.de)*. Auf Hüte und Mode hat sich die *Modegalerie Potsdam* spezialisiert. Die individuellen Kreationen werden wie in einer Kunstgalerie ausgestellt *(Mittelstr. 27, www.modegalerie-potsdam.de)*.

## ▶▶ SPORT IN DER CITY

### Wasserspaß

Die Potsdamer müssen nicht erst weit fahren, um sich im und auf dem Wasser zu vergnügen. Spritzig geht es bei den *Potsdamer Wasserspielen* zu *(Templiner See, Übungsgelände KC-Potsdam, Luftschiffhafen, www.kcpotsdam.de,* Foto)*. Die Wettkämpfer messen sich in Disziplinen wie

Drachenbootrennen, Sprint im Kanadier und Kajak oder in Kanupolo. Und wenn der Stadtkanal geflutet wird, treten beim *Kanalsprint (Yorckstraße, Kanalabschnitt Stadtschloss bis Garnisonkirche)* Kanuten aus ganz Deutschland gegeneinander im Zeitfahren an. Für alle Wakeboardfans: Die besten Moves lernt man während eines Kurses bei *Floating Noise (Strandbad am Templiner See, www.floating-noise.com)*.

## ▶▶ VIVA LA SALSA

### TANZFIEBER

In Potsdam wird wieder das Tanzbein geschwungen! Der Rhythmus und das Temperament von Merengue und Co. gehen ins Blut. Viele Tanzschulen eröffnen und folgen dem Latin-Fieber. Salsaworkshops gibt's im *Bürgerhaus Schlaatz (Bürgerhaus am Schlaatz, Schilfhof 28, www. salsa-potsdam.de)*. Die Tanzschule *Club Latino (Schulstr. 8, Babelsberg, www.club-latino.de)* veranstaltet Salsapartys an ungewöhnlichen Orten, z.B. auf einem Schiff. Ebenfalls beliebt: die Tanzschule *Salsa Exclusive (Kurse im Club Charlotte, Charlottenstr. 31, www.salsa-exclusive.de,* Foto*)*.

## ▶▶ BIO ERLEBEN

### Gesunde City

Die Gegend um Potsdam ist ein Zentrum des Biolandbaus. Das beflügelt auch die Restaurants. Im Biocafe *Kieselstein* frühstückt man ökologisch und genießt mittags Gerichte aus Bioanbau. Es gibt Dinkel-Gemüse-Quiches und Kreationen wie Tomaten-Schafsfeta-Kuchen *(Hegelallee 23, www.cafe-kieselstein.de)*. Bioneulinge können im *Gasthof zur Linde* einen Kochkurs besuchen *(Kunersdorfer Str. 1, Wildenbruch, www.zurlinde-wildenbruch.de,* Foto*)* oder im Rahmen des Projekts *BioTour (www.bio-berlin-brandenburg.de)* Bauernhöfe besuchen, z. B. den von Thomas Syring, dem Kürbiskönig von Brandenburg. Auf seinem Hof wachsen über 50 Kürbissorten in ökologischem Anbau *(Wiesengrund 5, Beelitz, www.beelitzerkuerbis.de)*.

## ▶▶ MODERN ART

### Neue Blickwinkel

Moderne Kunst kommt an. Werke des zeitgenössischen Realismus gibt's in der *Galerie Oswald* zu bestaunen. Gezeigt werden Skulpturen, Malerei und Grafiken u.a. von regionalen Künstlern wie Axel Gundrum *(Am Neuen Palais 2A, www.galerieoswald.de)*. Potsdams neuestes Museum widmet sich der Avantgarde: *Fluxus plus* zeigt unter anderem Werke des Fluxus-Künstlers Wolf Vostell *(Schiffbauergasse 4f, www.fluxus-plus.de,* Foto*)*. Spannende Projekte organisiert die *Galerie Ruhnke*. Auf ihre Initiative hin wurden z.B. im Findlingsgarten Seddiner See Skulpturen ausgestellt, um Natur und Kunst in Einklang zu bringen *(Hegelallee 4, www.galerie-ruhnke.de)*.

# >> KAFFEEHAUS-KULT

### Es lebe das Röstaroma

Amerikanische Café-Ketten haben keine Chance, denn die Potsdamer gehen lieber in Kaffeehäuser mit individuellen Kreationen und persönlichem Touch. Einer der Favourites ist das *Cafe Sisters*. Hier gibt's starken Kaffee, den perfekten Milchschaum und leckere Specials, wie den Power Chai mit Zuckerrohrsaft, Zimt, Nelke, Ingwer und Kardamon. Am besten auf den Liegestühlen in der Sonne lümmeln und den Kaffee mit einem Stück hausgemachtem Kuchen genießen *(Lindenstr. 2, www.sisters-cafe.de,* Foto*)*. In der Kaffeerösterei *Junick* wird nur ausgewählter, sortenreiner und frisch gerösteter Kaffee ausgeschenkt. Auf der Karte stehen aromatisierte oder geistreiche Mischungen, wie der Cafe Menta aus Espresso, Pfefferminzlikör und Sahnehaube *(Lindenstr. 57, www.restaurant-juliette.de)*.

# >> BEACH-CHILLOUT

### Relaxen im Sand

Bis zur Ostsee ist es noch ein Stück, doch Strände und Strandbars lassen Urlaubsfeeling auch in der City aufkommen. Prinzessinnen nehmen ihr Bad mitten im historischen Schlosspark: Im *Strandbad Babelsberg* badet es sich königlich. Danach geht's zum Entspannen in einen der stylishen Strandkörbe oder auf die große Liegewiese *(Tiefer See am Park Babelsberg)*. Wenige Kilometer außerhalb der Stadt kann man im *Strandbad Caputh* tropische Cocktails in einer Bambusbar mitten auf dem Wasser schlürfen. Und schon wird der Schwielowsee zu Rimini *(Weg zum Strandbad 1, www.strandbad-caputh.de,* Foto*)*. Chillen in der Innenstadt kann man an der Strandbar Potsdam: Palmen, Eis und weicher Sand. Da bleiben keine Wünsche mehr offen *(Zeppelinstraße 133, www.strandbar-potsdam.de)!*

## DER ALTE FRITZ

Könige und Kaiser hat Potsdam viele gesehen, doch am berühmtesten ist wohl der zynische und im späteren Alter kauzige Friedrich II., der Große, auch der „Alte Fritz" genannt. Im Sommer stand der König um 5 Uhr auf, im Winter gegen 6 Uhr. Ein Lakai half ihm beim Ankleiden und rasierte ihn. Bis zur Abnahme der Parade um 11 Uhr bearbeitete er Schreiben von Ministern und Behörden. Notierte der König etwas, geschah es meist in fehlerhafter Orthografie, denn Deutsch beherrschte er im Gegensatz zum Französischen schlecht. Nach dem Mittagessen kam ein Vorleser, gegen 19 Uhr begann meist ein kleines Konzert, bei dem der Alte Fritz Flöte spielte, danach folgte das Abendessen mit Gästen. Seine Gemahlin oder gar andere Frauen nahmen daran nicht teil, denn Fried-

Bild: Wissenschaftspark Albert Einstein

# STICH WORTE

rich II. besaß im Gegensatz zu vielen anderen Monarchen keine Mätresse.

## DIE LANGEN KERLS

Mit klingendem Spiel marschierte Potsdams Traditionstruppe schon in vielen Teilen der Welt, um für ihre Stadt zu werben. Schauparaden der Langen Kerls fanden in Paris, Brüssel, Tokio und New York großen Anklang. Beim Schauexerzieren in Potsdam kam es dagegen in der Vergangenheit immer wieder zu Störungen durch die „Kampagne gegen Wehrpflicht", die die Veranstaltungen als Verherrlichung des preußischen Militarismus kritisiert. Die Garde – nach dem Zusammenbruch der DDR als Traditionsverein wieder auferstanden – hat als Aufnahmebedingung, dass mindestens das Gardemaß von sechs Preußischen Fuß an die Messlatte gebracht werden, also

1,88 m. Mit den hohen Mützen bringen es die Langen Kerls auf etwa 2,40 m. Sie waren die Vorzeigetruppe des Soldatenkönigs Friedrich Wilhelm I. In aller Herren Länder waren seine Werber unterwegs, um mit List und Tücke überdurchschnittlich große junge Männer nach Potsdam zu holen. Rekordhalter war mit 2,17 m der Ire James Kirkland. Am 22. Juni 1740 präsentierten die „echten" Langen Kerls zum letzten Mal das Gewehr zu Ehren ihres verstorbenen Königs. Sein Nachfolger löste das Regiment auf.

## HAVELSCHWÄNE

Die Schwäne auf der Havel gehören zum gewohnten Landschaftsbild wie die Weiden am Ufer und die Schiffe auf dem Wasser. Im 18. Jh. wurden sie auf den Havelgewässern wegen ihrer Federn gezüchtet. Damit die Schwäne nicht wegfliegen konnten, amputierte man ihnen einen Flügel. Während der Franzosenzeit 1806–13 und nach den beiden Weltkriegen gab es auf den Havelseen keine Höckerschwäne mehr, erst 1956 tauchten sie wieder auf. Inzwischen sind sie so zahlreich vertreten, dass sie oftmals an Badestellen zur Plage werden. Allerdings: Ohne sie würde in der Landschaft etwas fehlen.

## MEDIENSTANDORT

Mehr als 5000 Menschen sind in der Medienwirtschaft tätig, denn Potsdam gehört zu den modernsten Standorten in Deutschland. Die Tradition begann nach 1911, als Babelsberg mit seinen Filmproduktionen zu Ruhm in Europa gelangte. Waren die Studios bis 1990 ausschließlich ein internationaler Produktionsstandort für den klassischen Kinofilm, so gehört heute eine florierende Multimediabranche dazu. In Babelsberg haben auch der Rundfunk Berlin-Brandenburg, das Studio Babelsberg der Ufa-Produktionsgruppe sowie das Deutsche Rundfunkarchiv ihren Sitz, der Nachlassverwalter des Programm- und Pressearchivs des DDR-Fernsehens und -Hörfunks. Rund 500 Studenten sind an der Hochschule für Film und Fernsehen „Konrad Wolf" immatrikuliert.

## PROMISTADT POTSDAM

Zahlreiche Prominente haben Potsdam zum Wohnsitz gewählt, und die Stadt schmückt sich gern mit deren Namen – auch, weil sie sich für Potsdam engagieren. Fernsehmoderator Günther Jauch beispielsweise stiftete 3 Mio. Euro für das Fortunaportal des Stadtschlosses und der Software-Entwickler Hasso Plattner sogar 20 Mio. Euro für die Wiederherstellung der Fassade des Stadtschlosses. In noblen Villen Potsdams wohnen auch Modedesigner Wolfgang Joop, die Verlegerwitwe Friede Springer, Springer-Chef Mathias Döpfner, der Fernsehjournalist Ulrich Meyer und die Schauspielerin Nadja Uhl.

## STATISTISCHES

Potsdam, Hauptstadt des Bundeslands Brandenburg, besitzt rund 148 000 Einwohner, die Fläche beträgt 187,3 km². Oberbürgermeister ist Jann Jakobs (SPD), die Linke mit 18 Abgeordneten die stärkste Fraktion. Höchste Erhebungen sind die Ravensberge mit 116 m, der Telegrafenberg mit 80 m und der Pfingstberg mit 76 m.

Potsdam ist nicht nur eine Stadt der Kultur, sondern auch eine Stadt

## WELTERBE

Das in Jahrhunderten längs der Havel entstandene Gesamtkunstwerk aus Schlössern und Gärten hat die Unesco auf die Welterbeliste gesetzt. Der Ensemble-Charakter, wie es in der Begründung heißt, ist die Besonderheit dieser Anlagen. Die Parks

Ebenso Stolz wie wachsam gleiten die Havelschwäne mit ihren Jungtieren übers Wasser

der Wissenschaft und Forschung. Mehr als 30 wissenschaftliche Einrichtungen sind in der Stadt und ihrem unmittelbaren Umland tätig. Neben den drei Hochschulen haben sich das Hasso-Plattner-Institut für Softwaresystemtechnik sowie die Forschungsstelle des Alfred-Wegener Instituts für Polar- und Meeresforschung überregionalen Ruf erworben.

Sanssouci, Neuer Garten und Babelsberg, Schloss und Park Sacrow mit der Heilandskirche sowie die zu Berlin gehörende Pfaueninsel und Glienicke mit seinen Schlössern wurden 1990 unter den Schutz der Unesco gestellt. Im Jahr 1999 kamen weitere 14 Denkmalbereiche hinzu, darunter die Russische Kolonie Alexandrowka und der Pfingstberg mit dem Belvedere.

# KULTURELLE VIELFALT IM GANZEN JAHR

## Filme, Tanz und vor allem Musik, Musik, Musik

> Die Kulturstadt Potsdam präsentiert Ihnen nicht nur etwas fürs Auge, sondern auch viel für die Ohren. Die Schlösser, Parkanlagen und Seen bieten sich geradezu als Kulisse an, und so finden viele Veranstaltungen im Freien statt.

### FEIERTAGE

**1. Jan.; Karfreitag; Ostersonntag und -montag; 1. Mai; Christi Himmelfahrt; Pfingstsonntag und -montag; 3. Okt.** *(Tag der Deutschen Einheit);* **31. Okt.** *(Reformationstag – im benachbarten Berlin kein Feiertag);* **25./26. Dez.**

### VERANSTALTUNGEN

**April**
*Tulpenfest:* Zehntausende Tulpen und andere Frühblüher verbreiten an einem Wochenende Mitte April im Holländischen Viertel einen Hauch von Frühling. *Potsdamer Wasserfest:* Saisoneröffnung der Potsdamer Schifffahrt. *Ende April*

**April/Mai**
*Studentenfilmfestival Seh-Süchte:* eines der größten Studentenfilmfestivals Europas, auf dem Spiel-, Dokumentar-, Animations- und Experimentalfilme von Studenten und Amateurfilmern aus aller Welt gezeigt werden. *www.sehsuechte. de*

**April–Dezember**
*Potsdamer Hofkonzerte Sanssouci:* Die Reihe ist dem preußischen Erbe verpflichtet, trotzdem durchbrechen die Konzerte mit internationalen Künstlern immer wieder ganz bewusst die Tradition, um Altes und Neues zu verbinden.

**Mai**
*Potsdamer Tanztage:* Das internationale Festival für zeitgenössischen Tanz bietet hochkarätige Tanzaufführungen, dazu Konzerte, Filme und Gesprächsrunden. *Um Pfingsten. www.fabrikpotsdam.de* Töpfermarkt: Töpfer aus dem In- und Ausland zeigen ihre Produkte. *Zweites Wochenende*

*Aktuelle Events weltweit auf www.marcopolo.de/events*

# > EVENTS
# FESTE & MEHR

**Mai–September**

*Potsdamer Arkadien*: Sommerkulturprogramm mit Theater, Musik, Kleinkunst und vielem mehr, in der *Brandenburger Straße,* auf der *Freundschaftsinsel,* im *Babelsberger Park* und in den Höfen der historischen Innenstadt

**Mai–Dezember**

⭐ *Caputher Musiken*: für jeden Geschmack etwas, Kammermusik ebenso wie Jazz und geistliche Chorwerke. *www.caputher-musiken.de*

**Juni**

⭐ *Musikfestspiele Potsdam-Sanssouci:* kultureller Höhepunkt des Jahres mit Kammer-, Orgel- und Serenadenkonzerten, Oper- und Soloabenden international renommierter Künstler und Ensembles. *www.musikfestspiele.potsdam.de*

**August**

*Potsdamer Schlössernacht:* Zehntausende strömen an einem Sonnabend bis spät in die Nacht in die zum Teil farbig angestrahlten Schlösser und in die Parkanlagen, wo Musik, Theater, Akrobatik, Lesungen und kulinarische Genüsse geboten werden. *www.schloessernacht.de*

**September**

==*Potdamer Jazzfestival:*== Bands aller Jazzstilrichtungen aus dem In- und Ausland spielen eine Woche Anfang Sept. in der Schiffbauergasse auf. *www.potsdamer-jazzfestival.de*

==*Unidram:*== Festival für junges Theater, bei dem ungewöhnliche Inszenierungen zur Aufführung kommen. *www.unidram.de*

**Dezember**

==*Sinterklaasfest:*== Traditionell reist Sinterklaas, der Weihnachtsmann Hollands, am Samstag des 3. Dezemberwochenendes auf einem Schiff an. Im Potsdamer Hafen besteigt er sein Pferd und reitet ins Holländische Viertel, um das Sinterklaasfest zu eröffnen.

# > PARKS, SCHLÖSSER UND VIEL KUNST

Berühmte Baumeister, Landschaftsgestalter und Bildhauer haben Meisterhaftes geschaffen

> **Potsdam braucht Zeit! Die Innenstadt von Brandenburgs Landeshauptstadt, klein und überschaubar, haben Sie rasch erlaufen, aber Potsdam bietet bedeutend mehr.**

Die einstige Zweitresidenz der Hohenzollernkönige schmückt sich mit einem der größten Park- und Schloss-Ensemble Europas. Den ersten Überblick bietet eine Stadtrundfahrt mit dem Bus. Spannend ist Sightseeing auch vom Wasser aus, schließlich ist die Stadt von Seen umkränzt. Kilometerlange Wege führen in den drei großen berühmten Parks zu herrlichen Schlössern, deren Türen sich zu prunkvollen Räumen öffnen. Wenn Sie nur für einen Tag kommen, vielleicht sogar nur zu einem Ausflug vom nahen Berlin, dann entgeht Ihnen vieles – darunter auch die reizvolle Umgebung. Aber seien Sie gewiss: Potsdam ist immer auch eine zweite Reise wert.

Bild: Filmmuseum im ehemaligen Marstall

# SEHENS WERTES

## PARK SANSSOUCI & UMGEBUNG

> **Wer nach Potsdam kommt, eilt oftmals zuerst zum Schloss Sanssouci. Dieses weltberühmte Bauwerk nicht besucht zu haben, bedeutet für viele, nicht in Potsdam gewesen zu sein.** Der Park Sanssouci steht als Landschaftskunstwerk

unter dem Schutz der Unesco. Schloss und Umgebung bergen aber weit mehr, als nur das Sommerdomizil von Friedrich II. Dutzende von Bauwerken, Fontänen und Skulpturen erfreuen das Auge, darunter auch weniger Bekanntes wie der Normannische Turm auf dem Ruinenberg oder die Wohnung von Friedrich II. im Südflügel des Neuen Palais. Neu ist der 90- bzw. 60-minütige Park-rundgang mittels Audioguide mit

**Insider Tipp**

# POTSDAM IM ÜBERBLICK

Die Karte zeigt die Einteilung der interessantesten Stadtviertel. Bei jedem Viertel finden Sie eine Detailkarte, in der alle beschriebenen Sehenswürdigkeiten mit einer Nummer verzeichnet sind

**GPS-Navigation.** Das Gerät ermittelt automatisch Ihren aktuellen Standort und startet den Hörtext zu dieser Position. Im Display werden Fotos als Ergänzung zum Text gezeigt.

## ■1 BELVEDERE
### AUF DEM KLAUSBERG           [120 B2]

Das Belvedere auf dem Klausberg (auch Drachenberg genannt) ist seit 2001 erstmals in seiner Geschichte öffentlich zugänglich. Das Bauwerk ließ sich Friedrich der Große 1770 von Georg Christian Unger nach altrömischem Vorbild als Ausguck erbauen, den er zeitweise für Festlichkeiten nutzte. In den letzten Tagen des Zweiten Weltkrieges wurde das Belvedere bis auf die Umfassungsmauern zerstört *(Mai–Okt. Sa/So 10–18 Uhr)*. Auf halber Höhe des Klausberges entstand als dreistufige Pagode das *Drachenhaus* (1770 von Gontard). Das einstige Weingärtnerhaus beherbergt heute ein Café. *Bus 695*

## ■2 BILDERGALERIE           [121 F3]

Friedrich II. hatte in Europa Bilder einkaufen lassen, doch als er sie in der *Kleinen Galerie* in Schloss Sanssouci aufhängen wollte, stellte er fest: Das Schloss ist zu klein. So entstand in der Nachbarschaft die Bildergalerie – das erste außerhalb eines Schlosses befindliche Museumsgebäude Europas zur Aufbewahrung einer Gemäldesammlung und zugleich einer der schönsten Museumsräume in ganz Deutschland. In dem prachtvollen Innenraum hängen wie zu Zeiten Friedrichs II. 124 Gemälde in dichter Reihung übereinander.

Im westlichen Flügel befinden sich die Werke der italienischen, im östlichen die der flämischen Meister, im Kuppelbau und im kleinen Kabinett Gemälde von Künstlern verschiedener Schulen. Glanzpunkt der Gemäldegalerie ist „Der ungläubige Thomas" von Caravaggio. Potsdam

besitzt das Original des weltbekannten Bildes, von dem es viele Kopien gibt. Nicht minder wertvoll sind „Die vier Evangelisten" von Peter Paul Rubens, die seit 1763 in der Galerie hängen. *April–Okt. Di–So 10–18 Uhr | Park Sanssouci | Bus X15, 695*

### 3 BORNSTEDTER FRIEDHOF [120–121 C–D2]

„Was in Sanssouci stirbt, das wird in Bornstedt begraben", schrieb Theodor Fontane. Ausgenommen davon waren die Angehörigen der Königsfamilie, die kamen anderswo unter die Erde oder in Grüfte. Über hundert

# MARCO POLO HIGHLIGHTS

★ **Krongut Bornstedt**
Brandenburgisch-preußische Geschichte in zeitgemäßer Form (Seite 30)

★ **Neues Palais**
Mehr als 200 Repräsentations- und Wohnräume (Seite 31)

★ **Park Sanssouci**
Potsdams größter Besuchermagnet: kunstvoll gestaltete Natur und Schlösser (Seite 31)

★ **Schloss Sanssouci**
Das berühmte Sommerschloss Friedrichs II. auf dem Weinberg (Seite 35)

★ **Marmorpalais**
Lieblingsschloss von Friedrich Wilhelm II. mit orientalischem Zeltzimmer (Seite 40)

★ **Neuer Garten**
Weite Rasenflächen, schöne Baudenkmäler und Blicke aufs Wasser (Seite 41)

★ **Russische Kolonie Alexandrowka**
Ein russisches Dorf mitten in Potsdam (Seite 44)

★ **Schloss Cecilienhof**
Hier besiegelten Truman, Attlee und Stalin die Teilung Deutschlands (Seite 46)

★ **Filmmuseum**
Geschichte der weltbekannten Filmstadt Babelsberg (Seine 50)

★ **Holländisches Viertel**
„Klein-Amsterdam" für holländische Handwerker (Seite 52)

★ **Biosphäre Potsdam**
Tropengarten mit heißer Dschungelatmosphäre (Seite 57)

★ **Filmpark Babelsberg**
Einst Europas größte Traumfabrik, heute ein Erlebnispark mit Lifeshows und 4D-Actionkino (Seite 57)

zum großen Teil prominente historische Personen wurden in Bornstedt bestattet, darunter der Gartenarchitekt Peter Joseph Lenné (1789 bis 1866) und der Schinkelschüler, der Architekt Friedrich Ludwig Persius (1803–45). Fans großer Sportllegenden dürfte interessieren, dass auch Gillis Grafström (1893–1938), der in Potsdam lebende dreifache Eiskunstlaufweltmeister der 1920er-Jahre, hier begraben liegt. *Eichenallee/Ribbeckstr. | Straßenbahn 92, Bus 614, 692*

**4 BOTANISCHER GARTEN** [120 C3]

Ein faszinierendes Museum der Natur! Im *Nutzpflanzenhaus* wächst die Papyrusstaude, aus deren Stängelmark die Ägypter vor 5000 Jahren Papier hergestellt haben. Der auf Java beheimatete Riesenbambus im Palmenhaus kann am Tag bis zu einem halben Meter in die Höhe schießen. Magische Anziehungskraft auf Besucher haben die Früchte der

riesigen Bananenstauden. Es lohnt aber nicht, in einem unbeaufsichtigten Augenblick danach zu grapschen – sie sind ungenießbar, im Inneren fast völlig von Samen ausgefüllt. Interessant ist auch das *Sukkulentenhaus,* in dem 400 verschiedene Kakteenarten kultiviert werden.

Insgesamt sind in den Schauhäusern 4300 tropische und subtropische Pflanzen zu sehen, im neuen *Palmenhaus* wachsen etwa 20 verschiedene Palmenarten aus allen Kontinenten. Und in den Freilandanlagen gedeihen nochmals rund 5000 Pflanzenarten.

Eine Augenweide bietet der **Rhododendronhang:** Die Blütezeit beginnt im März und endet Mitte Juni. Der heute zur Universität Potsdam gehörende Botanische Garten ging aus dem „Terrassenquartier" der Hofgärtnerei von Sanssouci hervor. *Gewächshäuser: April–Sept. tgl. 9.30–17, Okt.–März 9.30–16 Uhr | Freilandanlagen: ganzjährig ab 8 Uhr bis Sonnenuntergang | Maul-*

Ins Tip

Im Sukkulentenhaus wachsen stachelige Exoten aus Amerika, Afrika, Australien und Madagaskar

*beerallee 2 | www.botanischer-garten-potsdam.de | Bus 695*

### 5 BRANDENBURGER VORSTADT　　[121 D5–6]

Ende des 18. Jhs. besaß hier Friedrich Wilhelm I. eine der zahlreichen Meiereien, in der er acht ostfriesische Kühe hielt, die frische Milch für den Hof lieferten. Die Bebauung in dem Gebiet zwischen Brandenburger Tor, Park Sanssouci und Havel begann nach 1870. Rückgrat bildet die nach Brandenburg führende Zeppelinstraße. Vom ehemaligen Landeplatz für Luftschiffe ist nichts erhalten.

Die neogotische *Erlöserkirche* entstand 1896–98. Touristischer Anziehungspunkt ist das einer maurischen Moschee nachgebildete *Dampfmaschinenhaus* von Sanssouci an der Neustädter Havelbucht.

*Kiewitt* heißt eine südöstlich der Zeppelinstraße in die Havel vorspringende Landzunge, deren erste Häuser 1936 und deren letzte 1973 entstanden. Von hier aus tuckert eine kleine Fähre über die Havel zur Insel *Hermannswerder,* die der Judengraben vom Festland trennt. *Straßenbahn 91, 94, X98 | Bus X15, 695*

Nicht maurische Moschee, sondern Pumpwerk: das Dampfmaschinenhaus

**6 CHINESISCHES HAUS**          [121 D4]
Das Chinesische Haus (1754–1857 von Büring) schmücken vergoldete, lebensgroße Chinesenfiguren, die zu den Hauptleistungen des friderizianischen Rokoko zählen. Wer genau hinschaut, wird aber feststellen, dass es sich nicht um Chinesen, sondern um theatralisch verkleidete, langnasige Europäer handelt.

Im Inneren des prachtvollen Hauses wird japanisches und chinesisches Porzellan gezeigt. Zu den ältesten Stücken gehört eine Schale mit blauer Unterglasmalerei aus der späten Ming-Dynastie (16./17. Jh.), zu sehen im untersten Fach des linken Kabinetts. Der freundlich lächelnde Dickbauchbuddha in der Etagere I stammt aus der berühmten Meißner Porzellanmanufaktur, 1762 wurde er hergestellt. *Mai–Okt. Di–So 10–18 Uhr | Park Sanssouci | Straßenbahn 91, 94, X98*

**7 DAMPFMASCHINENHAUS**          [121 F5]
Was wie eine maurische Moschee mit Minarett aussieht, entstand vor rund 150 Jahren als Pumpwerk für die Fontänen der Gartenanlagen von Sanssouci. Denn im 19. Jh. war es en vogue, sich an Stilen vergangener Epochen und ferner Länder zu orientieren. Seit 1985 ist das Dampfmaschinenhaus ein technisches Museum. Herzstück bildet die in der berühmten Werkstatt von August Borsig gebaute 80-PS-Zweizylinderdampfmaschine, die bis zum Jahr 1893 in Betrieb war. Sie pumpte stündlich 220 m³ Wasser zu dem 1500 m entfernten Hochbehälter auf dem Ruinenberg. Die Ornamente der gusseisernen Teile der Maschinenan-

lage ähneln denen der Kathedrale im spanischen Córdoba. *Mai–Okt. Sa/So 10–18 Uhr, nur mit Führung | Zeppelinstr. 176 (Neustädter Havelbucht) | Straßenbahn 91, 94, X98 | Bus 695, X15*

### 8 FRIEDENSKIRCHE [121 F4]

Friedrich Wilhelm IV. besaß eine Vorliebe für italienische Architektur. Da verwundert es nicht, wenn die Friedenskirche nach dem Vorbild der römischen Basilika San Clemente erbaut werden musste. Für den Glockenturm daneben stand der Campanile von Santa Maria di Cosmedin in Rom Pate. Das schöne, 900 Jahre alte Mosaik in der Apsis stammt von der Insel Murano bei Venedig. Es ist neben dem ravennatischen Mosaik auf der Berliner Museumsinsel das einzige originale italienisch-byzantinische Mosaik nördlich der Alpen.

In der zugänglichen Gruft unter dem Altar ruhen der 1861 verstorbene Bauherr und seine 1873 verstorbene Gemahlin Elisabeth Luise, im Mausoleum der 99-Tage-Kaiser Friedrich III. und seine Gemahlin Viktoria. 1991 fand hier auch der von der Stammburg der Hohenzollern gemeinsam mit Friedrich II. nach Potsdam überführte Friedrich Wilhelm I. seine letzte Ruhestätte. *Mo–Sa 11 bis 16, So 12–16 Uhr | Park Sanssouci | Bus 695, X15 | www.friedenskirche-potsdam.de*

### 9 HISTORISCHE MÜHLE ✴ [121 E3]

Seit 1993 dreht sich wieder das mächtige Flügelkreuz der Windmühle von Sanssouci, die 1945 abgebrannt war. Außen wie innen gleicht

das neu errichtete Bauwerk seiner Vorgängerin von 1790, die bis 1861 arbeitete. Danach ging die Mühle in königlichen Besitz über und wurde Besichtigungsobjekt. Auf drei Etagen gibt das *Mühlenmuseum* Einblick in die brandenburgische Mühlengeschichte. Zu besichtigen sind auch die zwei rekonstruierten Mahl-

Originalgetreu wieder aufgebaut: Potsdams historische Galeriewindmühle

gänge der Mühle. ✴ Von der <mark>Aussichtsplattform in 11 m Höhe</mark> bietet sich ein weiter Blick. *April–Okt. tgl. 10–18, Nov., Jan.–März Sa/So 10–16 Uhr | Maulbeerallee/An der Orangerie | Bus 695*

### 10 KAISERBAHNHOF [120 A5–6]

Im Oktober 1909 stieg Kaiser Wilhelm II. erstmals auf dem eigens für

# PARK SANSSOUCI & UMGEBUNG

die kaiserliche Familie im englischen Landhausstil errichteten Privatbahnhof „Hofstation im Wildpark" aus, um in das nahe Neue Palais weiterzufahren. Der Kaiserbahnhof mit seinen zwei stillgelegten Gleisen gehört zum heutigen Bahnhof Park Sanssouci. Der besitzt das einzig erhaltene Bahnhofsgebäude in Potsdam aus der frühen Zeit der preußischen Eisenbahnen, einen Fachwerkbau von 1869.

Nach dem Zweiten Weltkrieg war der Bahnhof Endstation für den bis 1952 zwischen Moskau und Potsdam verkehrenden „Blauen Express", danach verfiel er zur Ruine. Die Deutsche Bahn rettete das öffentlich nicht zugängliche Weltkulturerbe vor dem Verfall und nutzt das Gebäude als Akademie für ihre Führungskräfte. Nach historischen Vorlagen wieder hergestellt wurden auch die Außenanlagen, die sich harmonisch mit der Parklandschaft des Neuen Palais verbinden. *Bus 695*

**11 KRONGUT BORNSTEDT** ⭐ [121 D2]

Das einstige Mustergut der Hohenzollern wurde nach jahrelanger Sanierung im Sommer 2002 wieder eröffnet. Sie erleben hier brandenburgisch-preußische Geschichte in zeitgemäßer Form. Es gibt ein Brau- und Brennhaus, Hofbäckerei, Café und Konfiserie sowie eine Manufaktur, in der alte Handwerksberufe aufleben, vom Zinngießer über den Korbflechter bis zum Glasbläser. Im Herrenhaus sind die kaiserlichen Salons wieder entstanden.

Den in Beige und Altrosa getünchten Gebäudekomplex (1848) im italienischen Stil, nur wenige hundert Meter von Schloss Sanssouci entfernt, verwandelten der spätere Kaiser Friedrich III. und seine englische Gemahlin Victoria in ein Mustergut. *Ribbeckstr. 6/7 | tgl. 10–19 Uhr | Info Tel 0331/55 06 50 | Eintritt in die Gutsanlage frei | www.krongut-born stedt.de | Straßenbahn 92 | Bus 614, 692*

Kaiserbahnhof: Von hier aus ging Kaiser Wilhelm II. mit großem Zeremoniell auf Reisen

**12 NEUES PALAIS** ⭐ [120 A3–4]

Unzählige Schnecken und Muscheln schmücken mit über 20 000 Mineralien und Versteinerungen den als Grotte gestalteten *Gartensaal*. Er gehört zu den etwa 60 zu besichtigenden Räumen, die mit Möbeln, Porzellan und Kunsthandwerk ausgestattet sind. Die etwa 300 Gemälde im Neuen Palais haben vornehmlich italienische, niederländische und französische Künstler geschaffen. Hauptsaal des Schlosses war der *Marmorsaal* im Obergeschoss, gestaltet von Gontard. Die in Form und Gestalt französischen Spiegelgalerien ähnelnde *Marmorgalerie* im Erdgeschoss diente als Speisesaal. Im Südflügel ist die Wohnung von Friedrich II. zu besichtigen. *April bis Okt. Mi–Mo 10–18, Nov.–März Mi bis Mo 10–17 Uhr | Nov.–März nur mit Führung | Königswohnung April bis Okt. nur mit Führung um 10/11/14/16 Uhr | Bus 695, 605, X5*

**13 NORMANNISCHER TURM** ☼ [121 E1]

Der 23 m hohe Turm (1846) auf dem Ruinenberg, im Zweiten Weltkrieg zerstört und danach seinem Schicksal überlassen, dient seit der Wiederherstellung 2001 erneut als Aussichtsturm. Mit dem Bauwerk ließ Friedrich Wilhelm IV. das Wasserbecken zur Speicherung der Fontänen von Sanssouci ergänzen, das sich dem Geschmack der damaligen Zeit entsprechend hinter künstlichen Ruinen (1748) verbirgt. *Mai–Dez. Sa/So 10–18 Uhr | Bus 692, 697*

**14 ORANGERIESCHLOSS** [121 D3]

Die Sala Regia im römischen Vatikan diente als Vorbild für den *Raffaelsaal* im Mittelbau. In ihm sind 48 Kopien nach Gemälden des besonders in der ersten Hälfte des 19. Jhs. verehrten italienischen Renaissancemalers zu sehen. Die Gästezimmer, in denen die Könige von Italien und Rumänien sowie der Schah von Persien gewohnt haben, sind mit Gemälden, Plastiken und Kunsthandwerk ausgestattet, das vorwiegend von deutschen Künstlern aus der Mitte des 19. Jhs. stammt.

Der Kamin im *Malachitzimmer* ist ein Geschenk des Zaren, seinen Namen bekam es von den zahlreichen aus Malachit gearbeiteten Gegenständen. Die bis vor wenigen Jahren in den Schlossführern publizierte Behauptung, das Schloss sei als Gästewohnung für den russischen Zaren Nikolaus I. (1796–1855) und seine Gemahlin Alexandra Feodorowna (1798–1860) eingerichtet worden, beruhte auf einem Irrtum. *April Sa/So 10–18, Mai–Okt. Di–So 10–18 Uhr, Di–Sa nur mit Führung*

In der *Turmgalerie* organisiert die Schlösserstiftung häufig Sonderausstellungen. Von den ☼ Aussichtstürmen haben Sie einen herrlichen Blick. *April Sa/So 10–18, Mai–Okt. tgl. 10 bis 18 Uhr | Park Sanssouci | Bus 695, X15*

**15 PARK SANSSOUCI** ⭐ [120–121]

Potsdams Hauptanziehungspunkt vereint Natur, Schlösser und kleinere Bauten zu einem einzigartigen Kunstwerk. In der von Lenné gestalteten, 2,9 km² großen Parkanlage ist der 2,5 km lange ☼ Hauptweg, der sich zu Rondellen mit Fontänen und Skulpturen weitet und alle Parkbereiche zusammenfasst, das zentrale

# PARK SANSSOUCI & UMGEBUNG

Element. Wenn Sie den Park am östlichen Ende des Hauptweges betreten, gelangen Sie zur ❄️ *Großen Fontäne,* von der Sie über den Weinberg hinauf zum Schloss Sanssouci blicken – ein weltbekanntes Motiv!

lich des Schlosses, oberhalb der *Neuen Kammern (1748 von Knobelsdorff),* drehen sich seit 1993 wieder die mächtigen Flügel der *Historischen Mühle,* die 1945 abgebrannt war.

Die große Chinamode des Rokoko inspirierte Friedrich II. zu seinem Chinesischen Haus

Am Rande der südlichen Schlossterrasse, an den Büsten römischer Kaiser erkennbar, ließ Friedrich II. seine geliebten Windhunde begraben und für sich selbst eine Gruft ausheben. Aber erst am 17. August 1991 bekam der König hier seine letzte Ruhestätte.

Die östlich vom Schloss Sanssouci gelegene, lang gestreckte *Bildergalerie* (1755–63 von Johann G. Büring) lässt von außen den prachtvollen Innenraum nicht erahnen. Und west-

Das 330 m lange *Orangerieschloss* (1850–64 von Persius, Stüler, Hesse) entstand nach dem Vorbild italienischer Renaissancebauten. Im Parterre vor der Orangerie haben Sie dann den König vor sich, auf den die wunderschöne Anlage zurückgeht: Friedrich II. Das marmorne Reiterstandbild ist eine verkleinerte Nachbildung des bronzenen Denkmals von Christian Daniel Rauch, das in der Straße Unter den Linden in Berlin steht.

❯ *www.marcopolo.de/potsdam*

# SEHENSWERTES

Größtes Bauwerk des 18. Jhs. im Park von Sanssouci ist das *Neue Palais* (1763–69 von Büring, Manger, Gontard) mit über zweihundert Räumen. 428 Götter und Halbgötter, an denen zwölf Bildhauer und mehrere Dutzend Steinmetzen sechs Jahre lang meißelten, schmücken die Fassade. Das *Schlosstheater* (1748) im südlichen Hauptflügel nimmt das gesamte erste und zweite Obergeschoss ein.

Um das Neue Palais sollten Sie einmal herumgehen, weil sich der Blick auf die *Communs* (1766–69 von Gontard, Legeay) lohnt. In den beiden gewaltig wirkenden Bauwerken gegenüber der Ehrenhofseite befanden sich Küchen, Wirtschaftsräume und Dienstwohnungen. In den *Antikentempel* (1768 von Gontard) nördlich vom Neuen Palais, eine verkleinerte Nachbildung des Pantheons

in Rom, luden die Könige bis 1830 zur Besichtigung ihrer Antikensammlung ein. Nachdem diese jedoch ins Neue Museum nach Berlin gekommen war, wurde der Tempel Ruhestätte einiger Hohenzollern. So liegen hier die erste Gemahlin von Wilhelm II., Kaiserin Auguste Viktoria (verstorben 1921), und seine zweite Frau Hermine (verstorben 1947).

Im italienischen Stil wurde auch die *Fasanerie* (1840 von Persius) erbaut. Nach dem klassizistischen *Schloss Charlottenhof* (1826–29 von Schinkel), das an römische Villenbauten erinnert, kommen Sie zu den *Römischen Bädern* und kurz danach zur *Meierei*. Auf dem Ökonomieweg geht es, vorbei am *Chinesischen Haus,* zur *Friedenskirche* (1844–54 von Persius) mit der Gruft für Friedrich Wilhelm IV. und seine Gemahlin. Der König wünschte sich eine im

## > BLOGS & PODCASTS
### Die besten Tagebücher und Files im Netz

> *www.potsdam-blog.de* – Für Gäste und Einheimische gleichermaßen interessant. Informationen, Neuigkeiten und Diskussionen aus und über die Stadt.

> *www.spsg.de/blog* – „Preußisch direkt" heißt der Weblog der Stiftung Preußische Schlösser und Gärten. Er vermittelt regelmäßig Neuigkeiten aus den Anlagen der Stiftung und lädt zu Kommentaren und Anregungen ein.

> *www.rbb-online.de* – Der Regionalsender RBB hat auf seinen Wellen

zahlreiche Podcasts im Angebot, das ständig erweitert wird. Am besten man schaut, was gerade in ist.

> *www.inforadio.de/static/podcast page.shtml* – Hier gibt es einen Überblick, das reicht von aktueller Politik über Kulinarik und Gastronomie bis zu dem satirischen Wochenrückblick „Das Wort zur Woche".

> *www.radioeins.de/opml/xml* – Auch bei Radio Eins kann man die wichtigsten Infos einer Sendung als Podcast abonnieren.

Für den Inhalt der Blogs & Podcasts übernimmt die MARCO POLO Redaktion keine Verantwortung.

Wasser spiegelnde Kirche und lege daher vor dem Gotteshaus den *Friedensteich* an.

An der Nordseite des Atriums steht das *Mausoleum* (1888–90 von Julius Raschdorff) für den 99-Tage-Kaiser Friedrich III. und seine Frau. Am *Grünen Gitter* (1850) können Sie den Park verlassen. Wer die in ihm stehenden *Skulpturen* gezählt hat, müsste auf etwa 400 gekommen sein. *Bus X15, 695*.

**16 RÖMISCHE BÄDER**  [120 C5]

Die Römischen Bäder waren niemals Bäder, sondern dienten stets als museale Stätte. Sie entstanden, weil Bäder damals in Mode gekommen waren. Karl Friedrich Schinkel hatte seine liebe Not, die einzelnen Bauten der klassizistisch-romantischen Gebäudegruppe zu einem harmonischen Komplex zusammenzufügen, denn ständig hatte der Bauherr Friedrich Wilhelm III. neue Wünsche. Schinkel hat nicht nur die Baugruppe entworfen, von ihm stammen auch die gusseisernen Möbel und die malerische Ausstattung des Atriums. Die große Wanne aus grünem Jaspis kam als Geschenk des russischen Zaren Nikolaus I. nach Potsdam.

In den Fußboden des Bades ist das berühmte Alexandermosaik aus Pompeji als Kopie eingefügt. Es zeigt die Schlacht bei Issos im Jahr 333 v. Chr., in der die Griechen die Perser schlugen. Die Brunnengruppe in der Mittelnische des Apodyteriums hat Werner Henschel 1846 in Rom vollendet. Porträtgemälde berühmter Künstler und Wissenschaftler des 19. Jhs. hängen im Billardzimmer. In den Römischen Bädern finden überwiegend Sonderausstellungen der Schlösserstiftung statt. *Mai–Okt. Di–So 10–18 Uhr | Park Sanssouci | Straßenbahn 91, 94, X98 | Bus 605, 606*

Für Schloss Sanssouci hat Friedrich II. selbst bei den Entwürfen mitgewirkt

# SEHENSWERTES

**17 SCHLOSS CHARLOTTENHOF** [120 C5]

König Friedrich Wilhelm III. rief immer wieder zur Sparsamkeit auf: „dass es auch ja billig käme", denn das Schloss sollte nur dem zeitweiligen Aufenthalt des Kronprinzen, des späteren Königs Friedrich Wilhelm IV., dienen. Was in den schlichten, bürgerlich-klassizistisch gestalteten Innenräumen steht, verdient das Attribut künstlerisch wertvoll. Vieles davon hat Schinkel entworfen, so die versilberten Möbel im Schreibkabinett der Kronprinzessin, den vergoldeten Prunktisch im Speiseraum und das Springbrunnenbecken im Vestibül.

Aus dem Rahmen fällt das mit weißblauem Markisenstoff abgespannte *Zeltzimmer*. Lange Zeit glaubte man, es sei dem Weltreisenden Alexander von Humboldt zugedacht gewesen. Humboldt hat, wie später Schinkel selbst und der Bildhauer Christian Daniel Rauch, zwar darin gewohnt, eingerichtet wurde es jedoch für Hofdamen. *Ostern 10–17, Mai–Okt. Di–So 10–18 Uhr, nur mit Führung | Park Sanssouci | Straßenbahn 91, 94, X98 | Bus 605, 606*

**18 SCHLOSS NEUE KAMMERN** [121 E3]

Auf der östlichen Seite sind vier Säle und auf der westlichen Seite sieben Gästezimmer zu sehen. Glanzpunkt des Rokokoschlösschens ist der *Jaspissaal,* der seine Schönheit vom Kontrast des blassgrauen Marmors mit der lebhaften Zeichnung des braunroten Halbedelsteins Jaspis erhält. Im *Büfettsaal* dominiert das Prunkbüfett, allerdings nicht mehr mit Porzellan aus der Königlichen Porzellanmanufaktur Berlin. Im

Zweiten Weltkrieg ging es verloren. Was heute darauf steht, hat die zeitgenössische Keramikerin Heidi Manthey entworfen.

Die Wände des *Ovidsaales* zieren vergoldete Stuckreliefs mit Darstellungen aus den „Metamorphosen" des antiken Dichters Ovid. Unter den insgesamt sieben Gästezimmern ragen zwei Intarsien- und Lackkabinette mit üppigem Blumendekor heraus. *April Sa/So 10–18, Mai–Okt. Di–So 10–18 Uhr | Park Sanssouci | Bus X15, 695*

**19 SCHLOSS SANSSOUCI** ⭐ [121 E3]

Am 1. Mai 1747 weihte Friedrich II. das eingeschossige, lang gestreckte Schloss mit einem Bankett ein. Gedacht war es als seine Sommerresidenz, doch verbrachte er später hier die meiste Zeit des Jahres.

Das heute weltberühmte Bauwerk ist reich mit Möbeln, Gemälden, Plastiken und Porzellan vorwiegend aus dem 18. Jh. ausgestattet. Als einer der schönsten Räume des deutschen Rokoko gilt das durch Spiegel optisch geweitete *Konzertzimmer,* in dem sich Malerei, Skulptur und Kunsthandwerk zu einem Gesamtbild verbinden. Dem Konzertzimmer schließt sich das *Empfangszimmer* an, in dem die Gäste auf die Audienz beim König zu warten hatten.

In der *Bibliothek,* die im Grundriss Friedrichs Arbeitszimmer im Schloss Rheinsberg folgt, werden 2200 Bücher in den Schränken aufbewahrt, die aus dem Potsdamer Stadtschloss stammen. Der König hatte alle seine Bibliotheken – beispielsweise auch die in seinen Privatgemächern im Neuen Palais – mit den gleichen

Büchern ausgestattet. Wohnräume für seine Gemahlin, Königin Elisabeth Christine, existieren in Potsdam allerdings nicht. Friedrich II. hatte sie in das Schloss Schönhausen im heutigen Berliner Stadtbezirk Pankow abgeschoben.

Friedrichs *Arbeits-* und *Schlafzimmer* ist der einzige Schlossraum, der nicht mehr die ursprüngliche Innengestaltung hat. Nachfolger und Neffe Friedrich Wilhelm II. ließ sich den Raum im klassizistischen Stil umgestalten. Im Alkoven, ehemals Schlafraum, steht aber wieder der Sterbestuhl des berühmtesten Hohenzollern.

Wenn Sie die Haupträume von Schloss Sanssoucci in den Ferienmonaten besichtigen wollen, sichert nur zeitiges Kommen noch eine Eintrittskarte (Kassenöffnung 9 Uhr). Vielfach sind schon in den Mittagsstunden alle Tickets für den Tag verkauft. *April bis Okt. Di–So 10–18, Nov.–März Di–So 10–17 Uhr, nur mit Führung | Kartenverkauf jeweils nur für denselben Tag | Park Sanssouci | Bus X15, 695*

Der Westflügel von Schloss Sanssouci, *der Damenflügel*, bildet eine Einrichtung für sich. Die für Hofdamen (im Erdgeschoss) und Kavaliere (im Obergeschoss) eingerichteten Räume vermitteln ein Bild höfischer Wohnkultur zwischen Biedermeier und Gründerzeit. Die Möbelgarnitur im ersten Kavalierzimmer stammt aus dem Potsdamer Stadtschloss. Königin Elisabeth, die Gemahlin Friedrich Wilhelms IV., bekam sie 1850 als Geburtstagsgeschenk vom Zarenhof. Wer wissen möchte, wie die Königin aussah, sollte auf zwei Gemälde in diesem Raum achten: Eins zeigt sie vor Schloss Sanssouci,

das andere vor dem Berliner Stadtschloss. *Mai–Okt. Sa/So 10–18 Uhr*

Im östlichen Seitenflügel von Schloss Sanssouci, der *Schlossküche*, können Sie besichtigen, wo Majestäts Gaumenfreuden entstanden. 1842 hat man die 115 m² große Hofküche erstmals genutzt. Zubereitet wurden hier vor allem die privaten Mahlzeiten, meist für 12 bis 15 Personen, oft auch für kleinere Festlichkeiten wie die silberne Hochzeit des Königspaares. Fast das gesamte Inventar aus der Mitte des 19. Jhs. blieb erhalten. Prunkstück ist eine große eiserne Kochmaschine. Der Kochbetrieb in Sanssouci endete 1873 mit dem Tod der Gemahlin von Friedrich Wilhelm IV., Elisabeth von Bayern. *April–Okt. Di–So 10–18 Uhr*

# NEUER GARTEN & PARK BABELSBERG

**>** **Friedrich Wilhelm II. wollte etwas Eigenes, er wollte nicht dort spazieren gehen und wohnen, wo sich sein Vater Friedrich II. wohl fühlte. Und so ließ er am Westufer des Heiligen Sees den Neuen Garten anlegen mit dem Marmorpalais als Wohnsitz.** International weit bekannter ist jedoch das einige Hundert Meter entfernte *Schloss Cecilienhof*, das jüngste Schloss der Hohenzollern. Denn in dem Fachwerkbau wurde 1945 das „Potsdamer Abkommen" unterzeichnet.

Auf Deutschlands ersten Kaiser Wilhelm I. geht der *Babelsberger Park* am Ostufer des Tiefen Sees zurück. Zwischen beiden landschaftlichen Kunstwerken erstreckt sich die *Berliner Vorstadt* mit ihren Villen und der geschichtsträchtigen *Glienicker Brücke* sowie die *Schiffbauergasse,* ein Viertel mit enormer kultureller Vielfalt.

**1 BABELSBERG** [118–119 B–F 1–6]
Potsdams größter Stadtteil, vor allem bekannt als Medienstandort, ist 1938

Karl-Gruhl-, der Karl-Liebknecht- und der Rudolf-Breitscheid-Straße, haben sich einige der flachen *Weberhäuschen* erhalten. Im Karl-*Liebknecht-Stadion* trägt der Frauenfußballclub *1. FFC Turbine Potsdam* seine Spiele aus.

Überregional bekannt wurde der Name Babelsberg durch das gleichnamige Schloss und durch die am

In Babelsberg finden sich noch viele typische Häuser der aus Böhmen ausgewanderten Weber

durch den Zusammenschluss von *Nowawes* und der Villenkolonie *Neu-Babelsberg* entstanden. Ein Jahr später kam die junge Stadt zu Potsdam. Zentrum von Babelsberg ist der *Weberplatz,* einst der Mittelpunkt der alten Weber- und Arbeitersiedlung Nowawes. Unweit der 250 Jahre alten Friedrichskirche und dem backsteinernen Rathaus, begrenzt von der

Rand des Stadtteils liegenden *Babelsberger Filmstudios (siehe auch Kasten auf S. 54 sowie S. 57).* 1912 begann in Babelsberg die Produktion von Spielfilmen, deren Stars schon damals in der Nähe, am Ufer des *Griebnitzsees,* in prachtvollen Villen wohnten *(siehe auch Kapitel „Stadtspaziergänge").* Straßenbahn 94, 99 | Bus 601, 690, 694 | S-Bahn

**2** BELVEDERE (PFINGSTBERG) [113 E4]

Friedrich Wilhelm IV. schwebte Großes vor: Eine gewaltige Terrassenanlage mit einem prachtvollen Lustschloss sollte vom Pfingstberg bis zum Neuen Garten reichen. Entstanden sind jedoch nur starke Umfassungsmauern mit Säulengängen sowie eine 25 m hohe Doppelturmfront mit einem „römischen" und einem „maurischen" Kabinett. Die schlossartige, romantische Anlage verkleidet das Wasserbecken für die Fontänen des Neuen Gartens. Von den beiden 25 m hohen ☼ Türmen haben Sie eine herrliche Sicht. *März & Nov.*

> *www.marcopolo.de/potsdam*

*Sa/So 10–16, April/Mai & Sept. tgl. 10–18, Juni–Aug. tgl. 10–20, Okt. tgl. 10–16 Uhr | Straßenbahn 92, 96 | www.pfingstberg.de*

Am Abhang des Pfingstbergs errichtete Karl Friedrich Schinkel sein erstes Bauwerk in Potsdam: einen *Pomonatempel* genannten Garten-

pavillon *(Mitte April–Okt. Sa/So 15 bis 18 Uhr)*. Die Gartenanlage zwischen Pfingstberg und Neuem Garten hat Peter Joseph Lenné geschaffen. Jahrzehnte war sie nicht zugänglich, da die östliche Siegermacht des Zweiten Weltkrieges bis zu ihrem Abzug 1994 das Gelände nutzte – und es in einem beklagenswerten Zustand zurückließ. Die Wiederherstellung erfolgte nach historischen Plänen. *Straßenbahn 92, 96 | Bus 697*

**Wendeltreppe zur Aussichtsplattform des Belvedere auf dem Pfingstberg**

**3 BERLINER VORSTADT** [114 A–B 5–6]

Seit einigen Jahren ist es wieder eine Freude, durch Potsdams Nobelvorstadt zwischen Havel, Heiligem und Tiefem See zu spazieren. Bis 1989 lag sie im Schatten der Berliner Mauer, viele Bauwerke boten einen traurigen Anblick. 1795 hatte Friedrich II. den Ausbau der heutigen Berliner Straße zur ersten preußischen Kunststraße befohlen. Wie einst wählen sich auch heute Betuchte die Berliner Vorstadt als Wohnsitz, so Wolfgang Joop und Günther Jauch. In der Schiffbauergasse, am südlichen Ende der Berliner Vorstadt, entstand auf einstigem Militärgelände Potsdams modernster Kultur- und Gewerbestandort mit dem neuen *Hans-Otto-Theater,* dem *Waschhaus* und dem hypermodernem Designcenter von Volkswagen. *Straßenbahn 93*

**4 GOTISCHE BIBLIOTHEK** [113 F6]

Lange Zeit hieß das 1792–94 von Carl Gotthard Langhans errichtete Gebäude der „schiefe Turm von Potsdam". Um die einstige *Königliche Privatbibliothek* zu erhalten, wurde Anfang der 1990er Jahre der zweigeschossige Turmpavillon Stück für Stück abgetragen und wieder aufgebaut. *Am Neuen Garten | Straßenbahn 93 | Bus 692*

**5 JÜDISCHER FRIEDHOF** [113 E4–5]

1743 fanden am Fuße des Pfingstbergs die ersten Bestattungen statt, bis dahin mussten die Potsdamer Juden ihre Toten ganz bis nach Berlin bringen. Der Friedhof ist das einzig erhalten gebliebene Zeugnis der Potsdamer jüdischen Gemeinde. Zahlreiche Grabsteine stammen aus dem 18./19. Jh. *Straßenbahn 92, 96*

**6 MARMORPALAIS** ⭐ [113 F5]

Das Kleinod des preußischen Frühklassizismus hat sich Friedrich Wilhelm II. 1787–91 von Carl von Gontard als Wohnsitz mit prachtvollen Stukkaturen, Seidenbespannung und

Das idyllisch am Heiligen See gelegene Marmorpalais besitzt herrliches Wedgewood-Porzellan

# SEHENSWERTES

Marmorkaminen erbauen lassen, in dem heute auch kostbare Kunstwerke zu bewundern sind. Die Sammlung des bläulichen Wedgewood-Porzellans gehört in Umfang und Qualität zu den bedeutendsten außerhalb Englands. Im Obergeschoss, wo sich die Räume zu einem Rundgang um die zentrale Marmortreppe gruppieren, bildet das orientalische *Zeltzimmer* einen Höhepunkt.

Die Sowjetarmee nutzte das Palais als Offizierskasino, 1961 richtete die DDR darin ein Armeemuseum ein. *Mai–Okt. Di–So 10–18, Nov.–April nur mit Führung Sa/So 10–17 Uhr | Neuer Garten | Straßenbahn 92, 96 | Bus 692*

### 7 MATROSENSTATION [114 B5]
Der einzige Gebäudekomplex norwegischer Holzbaukunst in Deutschland am Ufer des Jungfernsees nahe der Glienicker Brücke wird derzeit wieder hergestellt. Fertig ist das fast 4 m hohe Eingangstor der kaiserlichen Marinestation, die bis auf das Kapitänshaus, die Matrosenkaserne und den Bootsschuppen zerstört worden war.

Kaiser Wilhelm II. erfreute sich bei seinen Nordlandfahrten an der norwegischen Holzarchitektur. „So ein Ding will ich auch haben", soll er 1890 zum norwegischen König Oskar II. gesagt haben. In den folgenden Jahren entstand deshalb in Potsdam die Holzhäusergruppe für die Matrosen der kaiserlichen Marine als ein Stück Norwegen in Deutschland. Auf den Fundamenten der 1945 zerstörten Eingangshalle stand 1961 bis 1989 die Berliner Mauer. *Straßenbahn 93 | www.kongsnaes.de*

### 8 MUSEUM ALEXANDROWKA [113 E5]
Die Räume wurden wieder in der ursprünglichen Form und Farbe hergerichtet und vermitteln so einen Eindruck von der einstigen Innenausstattung der Holzhäuschen der Russischen Kolonie. Hier erfahren Sie alles über die Geschichte der Kolonie von den Anfängen bis zur Gegenwart. *März–Dez. Di–So 10–18 Uhr | Alexandrowka 2 | Straßenbahn 92, 96*

### 9 NAUENER VORSTADT [113 E-F 4–6]
Die ganze Pracht und Vielfalt, die die Architektur Ende des 19. Jhs. bot, ist in diesem Viertel zu sehen. Das Gebäude der *Stadtverwaltung* (Friedrich-Ebert-Str. 79–81) entstand im neubarocken Stil, im italienischen Villenstil das in einem Garten liegende *Haus des Hofgärtners* (Friedrich-Ebert-Str. 83). Frühklassizistisch präsentiert sich die von Baumeister Boumann entworfene *Villa der Gräfin Lichtenau* (Behlertstr. 31), der Geliebten von Friedrich Wilhelm II. Ein Stück Russland hielt mit der *Kolonie Alexandrowka* am nördlichen Ende der Friedrich-Ebert-Straße Einzug. *Straßenbahn 92, 96 | Bus 692*

### 10 NEUER GARTEN ★ [113 F4–6]
Eines der schönsten frühen Beispiele englischer Gartenkunst auf dem europäischen Festland. Da der Park jünger ist als der von Sanssouci, bekam er den Namen „Neuer Garten". Das 730 900 m² große Gelände an der Westseite des Heiligen Sees ließ Friedrich Wilhelm II. ab 1787 in einen „sentimentalen Landschaftsgarten" verwandeln. Ab 1817 gestaltete Lenné die Anlage, wie sie sich

im Wesentlichen noch heute darbietet – mit weiten Rasenflächen, Baumgruppen und Durchblicken zum Heiligen See und Jungfernsee.

Sie betreten den Park dort, wo die Alleestraße auf die Straße am Neuen Garten stößt. Die alte Eichenallee (die Bäume wurden 1864 gepflanzt) führt zur lang gestreckten *Orangerie*, die 1791/92 von Carl Gotthard Langhans und Andreas L. Krüger mit großen Fenstern zur Südseite erbaut wurde. Prachtvoll, vor allem im Sommer, ist der *Blumengarten*, wenn hier die Palmen und Agaven aus der Orangerie stehen. Rechts davon erstreckt sich das aus rotem Backstein erbaute *Holländische Etablissement* (1789/90 von Carl von Gontard und Krüger), das große Ähnlichkeit mit dem Holländischen Viertel im Stadtzentrum besitzt. In einigen Häusern wohnten Bedienstete des Marmorpalais, in anderen waren Ställe für die Tiere.

Der weitere Weg führt vorbei an einem von Langhans geschaffenen *Obelisken* (1893/94) – auf den Medaillons werden die vier Jahreszeiten dargestellt – zum Hauptgebäude des Parks: dem am Ufer des Heiligen Sees gelegenen *Marmorpalais*.

Das südlich gelegene *Küchengebäude* (1788–90 auch von Gontard) – es war einst durch einen unterirdischen Gang mit dem Marmorpalais verbunden – wirkt von der Wasserseite wie eine halb versunkene Tempelruine. Die nach ägyptischem Vorbild errichtete *Pyramide* (1791–92) diente zu Königs- und Kaiserzeiten als Kühlschrank. Das bekannteste Bauwerk im Neuen Garten ist *Schloss Cecilienhof*.

Am Ufer des Jungfernsees öffnete 2003 die am Ende des Zweiten Weltkrieges ausgebrannte *Meierei* als Gasthausbrauerei. Bis 1861 versorgte sie die königliche Hofküche mit Milchprodukten, danach wurde das

## > ZUSCHAUERSPORT
### Vom Frauenfußball und dem Wassersport

Wenn die 1. Mannschaft von Turbine Potsdam im *Karli* aufläuft, wie man hier das *Karl-Liebknecht-Stadion* im Ortsteil Babelsberg nennt, dann sind die Ränge gefüllt und jubeln die Fans *(Tel. 0331/ 951 38 41 | www.ffc-turbine.de)*. Seit fast vier Jahrzehnten wird in Potsdam Frauenfußball gespielt, die 1. Mannschaft des *FFC Turbine* wurde unter anderem Deutscher Meister 2004 und 2006, UEFA-Cup Sieger 2005, DFB-Pokal-Sieger 2004, 2005, 2006. Insgesamt ist der Verein in allen vier höchsten deutschen Spielklassen vertreten.

Den Leistungssport Potsdam prägen aber auch zahlreiche Weltmeister und Olympiasieger wie die Kanutinnen Birgit Fischer und Katrin Wagner-Augustin sowie der Schwimmer Jörg Hoffmann. Zentrum ist der *Sport- und Freizeitpark Luftschiffhafen* mit dem Olympiastützpunkt Potsdam. Die Schwimmer trainieren in der Schwimmhalle des Sportgeländes, die Kanuten jedoch können Sie beim Training und bei Regatten auf der Havel und dem Templiner See zusehen *(www. osppotsdam.de)*.

burgenähnliche, zinnenbekrönte Gebäude Wasserwerk und später beliebtes Ausflugslokal.

Die zur Ruine verkommene Meierei ist originalgetreu wieder hergestellt, selbst an der Raumaufteilung wurde nichts verändert. Deshalb gibt es auf drei Etagen zahlreiche Gast-

heiten der beiden setzte Hermann Fürst von Pückler-Muskau 1842 die Arbeiten fort. Und so wurde der Park im englischen Landschaftsstil das Werk zweier großer Gartenkünstler des 19. Jhs.

Wer den Park am nördlichen Eingang betritt (am Ende der Karl-

Hinter der Fassade eines scheinbar versunkenen Tempels verbirgt sich ein Küchengebäude

stuben. Die schönste ist das *Teezimmer* mit seinen venezianischen Fenstern. *Bus 692*

**11 PARK BABELSBERG** [118 B-C 1-3]
Mit 1,24 km² ist der Park Potsdams zweitgrößte Anlage. Prinz Wilhelm (der spätere Kaiser Wilhelm I.) beauftragte Peter Joseph Lenné mit der Gestaltung des hügeligen Geländes am Tiefen See und der Glienicker Lake. Nach Meinungsverschieden-

Marx-Straße, kleiner Parkplatz vorhanden), sieht als Erstes das neugotische *Dampfmaschinenhaus* (1843 bis 1845 von Ludwig Persius). Die 40 PS starke Dampfmaschine sorgte für die Bewässerung des gesamten Parks. Von hier führt der Weg zum burgenähnlichen *Schloss Babelsberg* mit dem *Küchengebäude* (1844–49 von Johann H.J. Strack) dahinter, verbunden durch einen unterirdischen Gang.

Das *Kleine Schloss* (1841/42 wiederum von Persius) am Ufer des Tiefen Sees entstand im neugotischen Stil für den Sohn des Prinzenpaares, den späteren 99-Tage-Kaiser Friedrich III. Heute ist dort ein Restaurant untergebracht. Im nahen *Marstall* (1839) standen die Pferde und Kutschen, und im *Matrosenhaus* (1842, umgebaut 1868) wohnten die Matrosen, die die königlichen Segelschiffe und Gondeln bei den Lustfahrten auf der Havel bedienten.

Auf einer östlichen Höhe (benannt nach dem Gartenarchitekten Peter Joseph Lenné) bekam 1872 die rote *Gerichtslaube* ihren Platz. Als in Berlin das neue Rote Rathaus fertig war, schenkten die Berliner Stadtväter die Gerichtslaube ihres alten Rathauses Kaiser Wilhelm I. Der ließ die offene gotische Halle als „denkwürdiges Wahrzeichen aus der Vorzeit" in Babelsberg aufbauen.

Der 46 m hohe ✹ *Flatowturm* (1853–56 von Strack), der einst Gästezimmer beherbergte, wurde dem spätgotischen Eschenheimer Tor in Frankfurt/Main nachgebildet. Seinen Namen bekam er von der herrschaftlichen Familie Flatow in Westpreußen, die die Steine für den Bau stiftete. Von dem Rundturm bietet sich Ihnen ein herrlicher Blick *(Mai–Okt. Sa/So 10–18 Uhr)*. Bus 694

### 🔲12 RUSSISCHE KOLONIE ALEXANDROWKA ⭐ [113 E5–6]

Am 10. April 1826 unterzeichnete Friedrich Wilhelm III. eine „Allerhöchste Cabinets-Ordre", für zwölf russische Sänger eine Kolonie zu errichten. Fast auf den Tag genau ein Jahr später zogen die Russen in zwölf hübsche, komplett eingerichtete Holzhäuschen – der deutsche Aufseher in ein dreizehntes. Die Russen waren 1812 als Kriegsgefangene nach Preußen gekommen. Nach dem preußisch-russischen Militärbündnis dienten sie dem König als „Russischer Sängerkorps". Weil er sich so an dessen melancholische Lieder gewöhnt hatte, schenkte ihm Zar Alexander den gesamten Chor.

Die Häuser sind nicht, wie es den Anschein hat, aus kräftigen Holzbohlen erbaut. Sie bestehen aus gemauertem Fachwerk, das außen mit ge-

Holzverkleidete Häuser des russischen Sängerchors: Kolonie Alexandrowka

wölbten Dielenbrettern geschickt verkleidet wurde.

Etwas abseits, auf dem nördlich liegenden Kapellenberg, wurde die *Russisch-Orthodoxe Kirche* erbaut, daneben ein weiteres Blockhaus für den Gemeindepopen. Zar Nikolaus I., der Schwiegersohn von Friedrich Wilhelm III., wohnte 1829 dem ersten Gottesdienst bei. Im Inneren der Kirche finden Sie Schenkungen der preußischen Prinzessin Charlotte, der späteren Zarin Alexandra Feodorowna, und des Moskauer Patriarchats. *www.alexandrowka.de* | *Straßenbahn 92, 96*

## 13 SCHIFFBAUERGASSE [118 A1]

Direkt am Ufer der Havel, gegenüber dem Babelsberger Park, entstand der modernste Kultur- und Gewerbestandort der Region. Auf dem einstigen Militär- und Industrieareal vereinen sich Kunst- und Kultur mit Hightechunternehmen zu einer einzigartigen Mischung. Das neue *Hans-Otto-Theater* mit seinen modernen roten Betonlamellen bildet den Blickfang, das *Waschhaus* mit einem vielseitigen Kunstprogramm hat sich hier bereits seit Jahren fest etabliert, das Internationale Zentrum für Tanz- und Bewegungskunst *fabrik* ist zugezogen wie auch *Volkswagen, Oracle* und andere.

Auf dem 120 000 m² großen Gelände baute man vor rund 200 Jahren Dampfschiffe, nach dem Zweiten Weltkrieg wurde es zum militärischen Sperrgebiet, das die letzten Soldaten und Offiziere 1994 verließen. In den vergangenen Jahren hat man die denkmalgeschützten Reithallen, die Garnisonswäscherei, die Zichorienmühle und weitere Bauten saniert, andere wie das Theater neu errichtet. Neu ist auch der Uferpark mit Schiffsanleger und Marina. *Straßenbahn 93, 94, 99* | *www.schiffbauergasse.de*

## 14 SCHLOSS BABELSBERG ✼ [118 C1]

Schinkel hatte es mit diesem Schloss nicht einfach. Die Gemahlin des Bauherrn, Prinzessin Augusta aus dem Hause Sachsen-Weimar, hatte eigenwillige Vorstellungen, die sie als einstige Mal- und Zeichenschülerin Goethes sogar selbst zu Papier brachte. Eine Art Schloss Windsor wollte sie haben, mit Zinnen, Türmchen und Erkern, und alles sehr repräsentativ. Und so ist es schließlich auch geworden.

Da das Schloss direkt an der Grenze zu West-Berlin stand, ließen es die DDR-Oberen baulich verkommen. Viele Jahrzehnte wurde es vom Museum für Ur- und Frühgeschichte genutzt, das erst 1999 auszog. Seit einigen Jahren finden umfangreiche Sanierungsarbeiten statt, die sich aber hinziehen, weil nicht die erforderlichen Geldmittel bereitstehen. Deshalb ist weiterhin nur ein Teil der Schlossräume zu besichtigen.

Nach Abschluss der Arbeiten wird das Schloss wieder Eindrücke aus dem Leben von Kaiser Wilhelm I. und seiner Gemahlin Augusta vermitteln, die mehr als 40 Jahre die Sommer in Schloss Babelsberg verbrachten, wo sie einen einzigartigen Blick über die Havellandschaft hatten. Der überwiegende Teil der Ausstattung hat das Paar nicht extra für das Schloss anfertigen lassen, sondern nach eigenem Geschmack erworben. *Ostern 10–17, April–Okt. Di–So 10–18 Uhr | Bus 694*

**15 SCHLOSS CECILIENHOF** ⭐ [113 F4]
Das letzte und modernste Hohenzollernschloss besitzt 176 Räume, die sich um insgesamt fünf Innenhöfe gruppieren. Heute dient ein Teil des Schlosses als Hotel, der andere als Gedenkstätte. Schloss Cecilienhof (1913–17 von Paul Schultze-Naumburg) ging durch die Potsdamer Konferenz in die Weltgeschichte ein. Am 2. August 1945, eine halbe Stunde nach Mitternacht, unterzeichneten an einem runden Tisch, der eigens dafür in Moskau hergestellt wurde und noch heute zu sehen ist, die Vertreter der drei Siegermächte Harry S. Truman, Clement Attlee und Joseph W. Stalin das „Potsdamer Abkommen". **Der fünfzackige rote Sowjetstern aus Blumen** im *Großen Hof* ist kein Relikt aus DDR-Zeit, auf diesen Stern hatten sich die drei Regierungschefs in der Vorbereitungsphase der Konferenz geeinigt, vermutlich weil die Sowjetunion die Hauptlast des Krieges zu tragen hatte.

*Insider Tipp*

Der *Konferenzsaal* von 1945 und die *Arbeitszimmer* der Delegationen sind in der ursprünglichen Form erhalten geblieben. Als das Schloss für die Konferenz ausgewählt wurde, waren Teile der Originalmöbel verschwunden. Deshalb bestückte man 36 Schlossräume mit Mobiliar aus anderen Schlössern und Potsdamer Villen. Das ehemalige Arbeits- und Raucherzimmer des Kronprinzen diente Präsident Truman als Arbeits- und Beratungszimmer. Winston Churchill richtete sich in der früheren kronprinzlichen *Bibliothek* ein. Allerdings konnte er die aus Schloss Babelsberg extra herbeigeschafften Möbel aus hellem Ahornholz nur wenige Wochen genießen – nach einer Wahlniederlage seiner Partei in England musste er seinem Nachfolger Attlee weichen. Stalin hatte sich den *Roten Salon,* das Schreibzimmer der Kronprinzessin, ausgewählt. Sein Arbeitsplatz war am Schreibtisch zwischen Fenster und Kamin. *April bis Okt. Di–So 10–18, Nov.–März nur mit Führung Di–So 10–17 Uhr*

Weitgehend unbekannt ist, dass auch sechs wieder hergerichtete *Privaträume des Kronprinzenpaares* im Obergeschoss des Mittelbaus zu besichtigen sind. Die Fürstenabfindung von 1926 hatte der Kronprinzenfamilie ein Wohnrecht auf Lebenszeit eingeräumt; das erlosch allerdings, als sie vor der anrückenden sowjetischen Armee im Frühjahr 1945 das Schloss verließ und in den Westen floh. *Führung in den Privaträumen des Kronprinzenpaares tgl. 10/12/14 und 16 Uhr | Neuer Garten | Bus 692*

*Insider Tipp*

**16 VILLENKOLONIE NEU-BABELSBERG** [119 E2]
Hohe Regierungsbeamte und Industrielle ließen sich ab 1874 am Ostufer des Griebnitzsees prachtvolle, heute wieder sehr begehrte Villen errichten, in denen in den 1930er- und 1940er-Jahren Ufa-Stars wie Marika Rökk und Gustav Fröhlich wohnten. Am Ende des Zweiten Weltkrieges residierten hier die Staatschefs Harry S. Truman, Winston Churchill, Clement Attlee und Josef W. Stalin *(siehe Kapitel Stadtspaziergänge).*

# HISTORISCHES ZENTRUM

> Großartige Kirchen und Bürgerhäuser prägen Potsdams City, dazwischen stehen aber auch Architektursünden der DDR-Zeit. Einige davon sind bereits verschwunden, die Potsdamer haben vielen Ecken wieder zur Schönheit von einst verholfen, so dem *Neuen Markt*. Auch der *Alte Markt,* der einstige Mittelpunkt der Stadt, wird mit dem Wiederaufbau des *Stadtschlosses* sein gegenwärtig tristes Aussehen verlieren. Die *Brandenburger Straße* mit ihren barocken Bauten avancierte wieder zur Shoppingmeile der City, und das *Holländische Viertel* war vermutlich nie so voller Leben wie heute. Kneipen, Cafés und Ge-schäfte in Hülle und Fülle und Gäste aus aller Welt! Die Wege sind in Brandenburgs kleiner Landeshauptstadt kurz, das Auto ist nur hinderlich, am besten, Sie lassen es stehen.

## ■ ALTER MARKT                [117 E3]

Er war Potsdams baukünstlerisches Zentrum mit Stadtschloss, Rathaus und Nikolaikirche – bis zu seiner Zerstörung im April 1945. Wo das 1959/60 abgetragene Barockschloss stand, fahren heute Autos und Straßenbahn. Festlicher Eingang zum Schloss war das *Fortunaportal,* dessen Wiederaufbau 2002 mit dem Aufsetzen der vergoldeten Namensgeberin abgeschlossen wurde. Der zum Schloss gehörende Lustgarten war mehrmals umgestaltet worden. Anhand von 300 Jahre alten Zeich-

Brandenburger Straße: Potsdamer nennen ihre lebhafte Flaniermeile gern liebevoll „Boulevard"

# HISTORISCHES ZENTRUM

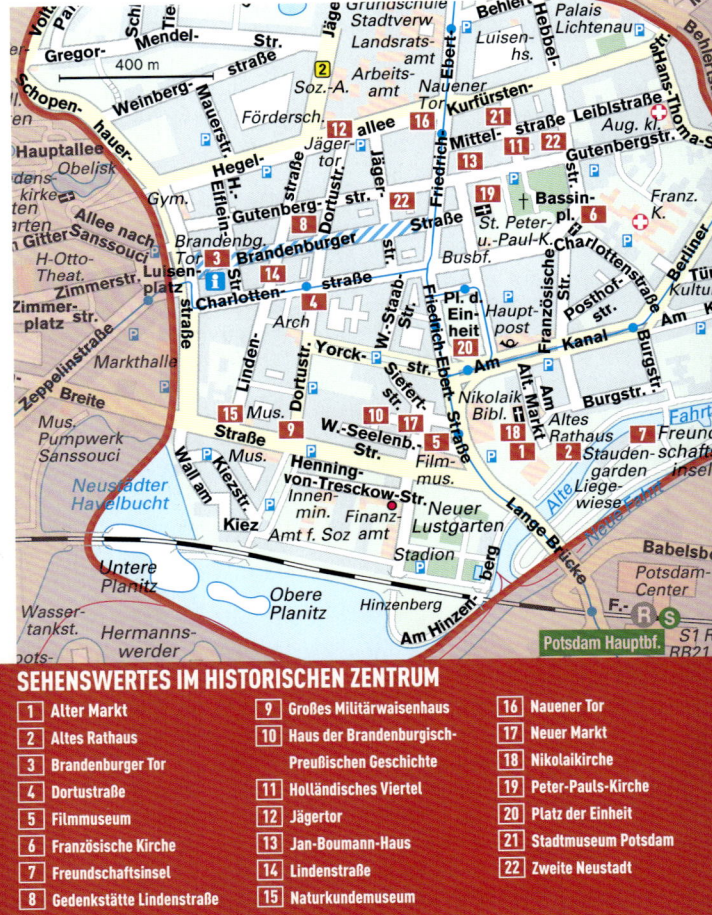

## SEHENSWERTES IM HISTORISCHEN ZENTRUM

| | | | | | | |
|---|---|---|---|---|---|---|
| 1 | Alter Markt | 9 | Großes Militärwaisenhaus | 16 | Nauener Tor |
| 2 | Altes Rathaus | 10 | Haus der Brandenburgisch- | 17 | Neuer Markt |
| 3 | Brandenburger Tor | | Preußischen Geschichte | 18 | Nikolaikirche |
| 4 | Dortustraße | 11 | Holländisches Viertel | 19 | Peter-Pauls-Kirche |
| 5 | Filmmuseum | 12 | Jägertor | 20 | Platz der Einheit |
| 6 | Französische Kirche | 13 | Jan-Boumann-Haus | 21 | Stadtmuseum Potsdam |
| 7 | Freundschaftsinsel | 14 | Lindenstraße | 22 | Zweite Neustadt |
| 8 | Gedenkstätte Lindenstraße | 15 | Naturkundemuseum | | |

nungen wurde nun der sogenannte *Neue Lustgarten* geschaffen.

Die *Nikolaikirche,* ein bedeutendes Bauwerk des Klassizismus, beherrscht nach dem 1981 vollendeten Wiederaufbau den Alten Markt. Das *Alte Rathaus* an der Ostseite ist mit dem benachbarten *Knobelsdorffhaus*

durch einen Zwischentrakt verbunden, der das im Zweiten Weltkrieg zerstörte Haus des Bäckermeisters Windelband ersetzt.

Der 20 m hohe *Obelisk* stammt von Knobelsdorff. Den Schaft zierten einst vier Bildnismedaillons von Kurfürsten und Königen. 1978/79

> *www.marcopolo.de/potsdam*

wurde der baufällig gewordene Obelisk neu aufgebaut, statt der Hohenzollernbildnisse bekam er die von prominenten Potsdamer Baumeistern: Knobelsdorff, Gontard, Schin-

fer getrieben und vergoldet. Die leuchtet noch heute in der Sonne. Das im Zweiten Weltkrieg zerstörte Gebäude dient seit dem Wiederaufbau mit dem benachbarten Knobels-

Im Alten Rathaus finden heute wechselnde Ausstellungen, Tagungen und Empfänge statt

kel, Persius. *Straßenbahn 91, 92, 93, 96, 99, X98 | Bus 695*

## 2 ALTES RATHAUS [117 E3]

1885 zogen die Stadtväter aus, danach hieß das Gebäude „Ehemaliges Rathaus", heute „Altes Rathaus". 1755 war das Bauwerk mit der den Turm krönenden Atlasfigur fertig. 21 Jahre später erlebten die Potsdamer eine böse Überraschung: Der große, fast 6 t schwere und nur ungenügend verankerte Atlas stürzte auf die Straße. Man hievte eine neue Plastik nach oben, diesmal aus Kup-

dorffhaus als Kulturhaus. *Am Alten Markt | Straßenbahn 91, 92, 93, 96, 99, X98 | Bus 695*

## 3 BRANDENBURGER TOR [117 D2–3]

Das römischen Triumphbogen ähnelnde, 1770 erbaute Tor hat zwei Baumeister und deshalb auch zwei Gesichter. Carl von Gontard entwarf im Auftrag von Friedrich II. die Stadtseite, sein Schüler Georg Christian Unger die Feldseite. Die beiden seitlichen Durchgänge für Fußgänger gibt es erst seit 1843. *Luisenplatz | Straßenbahn 91, 94, X98 | Bus 695*

**4 DORTUSTRASSE** [117 E2–3]

Prachtvoll präsentiert sich in der Dortustraße die Nr. 36: das ehemalige Militärwaisenhaus. Nicht minder eindrucksvoll sind die Bauten Nr. 30–34, errichtet für den Rechnungshof des deutschen Reiches. Die Häuser Nr. 26–29 hat Georg Christian Unger Ende des 19. Jhs. entworfen.

## >LOW BUDGET

> Gut beraten ist, wer sich bei einem mehrtägigen Potsdamaufenthalt eine *Potsdam-Card* kauft. Mehr als 30 Partner aus Tourismus, Kultur, Gastronomie und Einzelhandel bieten Ermäßigungen bis zu 30 Prozent auf einzelne Leistungen. Enthalten ist außerdem die kostenlose Fahrt mit den öffentlichen Verkehrsmitteln. Die Card kostet im Bereich Potsdam für 2 Tage 9,50 Euro, für 3 Tage 12 Euro, bei Einschluss des Umlandes für 2 Tage 12,50 Euro und für 3 Tage 17 Euro, dabei kann ein Kind bis 14 Jahre mitgenommen werden (*www.potsdamtourismus.de*).

> Bereits Preußens Könige hat der Blick von oben auf die Stadt und die Havellandschaft fasziniert, und so ließen sie mehrere Aussichtstürme errichten. Von den noch vorhandenen ist für je 2 Euro ein verhältnismäßig preiswerter Blick möglich: *Flatowturm* im Park von Babelsberg (*Mai–Okt. Sa/So 10–18 Uhr*), *Normannischer Turm* auf dem Ruinenberg (*Mai–Dez. Sa/So 10–18 Uhr*), *Belvedere* auf dem Klausberg (*Mai–Okt. Sa/So 10–18 Uhr*) und *Turm des Orangerieschlosses* (*April Sa/So 10–18, Mai–Okt. tgl. 10–18 Uhr*).

An der Ecke zur Yorckstraße steht seit 1991 die Nachbildung des Glockenspiels der Hof- und Garnisonkirche, die in der Nähe ihren Platz hatte. Der bedeutendste barocke Sakralbau Preußens brannte 1945 aus. Als letzter Teil der Ruine wurde 1968 der Turmstumpf gesprengt. In den nächsten Jahren soll die Kirche originalgetreu wieder aufgebaut werden. Das barocke Bauwerk, so steht es in einem Aufruf zu einer weltweiten Hilfsaktion, ist als offene Stadtkirche sowie als Zentrum für Frieden und Versöhnung gedacht.

Die Straße trägt den Namen des wegen seiner Teilnahme an der Revolution 1848 hingerichteten Max Dortu. An seinem Geburtshaus Nr. 28 steht auf einer Gedenktafel: „Kämpfer und Opfer für Deutschlands Einheit und Freiheit". *Straßenbahn 91, 94, X98 | Bus X5, 605, 606, 612, 614, 631*

**5 FILMMUSEUM** ⭐ [117 E3]

„Babelsberg – Gesichter einer Filmstadt" nennt sich die Dauerausstellung des Museums. In ihr sind Raritäten zu sehen, beispielsweise die Schulbank aus dem Heinz-Rühmann-Film „Die Feuerzangenbowle" von 1944, das Exposé des ersten Defa-Films „Die Mörder sind unter uns" mit Hildegard Knef von 1946 und die Perücke des Defa-Indianerstars Gojko Mitic, die er im Film „Spur des Falken" von 1968 trug. Viel Platz wird den Stars eingeräumt. In den Babelsberger Ufa- (ab 1921) und Defa-Ateliers (ab 1946) standen zum Beispiel Marlene Dietrich, Paul Wegener, Heinz Rühmann, Manfred Krug und Angelika Domröse vor den

Kameras. Aus der filmtechnischen Sammlung zeigt das Museum den Doppelprojektor *Bioskop* von 1895. Zum Filmmuseum gehört ein Kino, das anspruchsvolle zeitgenössische und historische Filme zeigt.

Das Museum hat sein Domizil im einstigen *Marstall*, einem lang gestreckten, rotbraunen Bau, der 1686

dam.de | Straßenbahn 91, 92, 93, 96, 99, X98 | Bus 695

**6 FRANZÖSISCHE KIRCHE** [117 F2]

Die Kirche ließ Friedrich der Große für die Französische Kolonie in Potsdam errichten. Den Entwurf dafür lieferte Georg Wenzeslaus von Knobelsdorff *(siehe Kapitel Stadtspazier-*

Im Filmmuseum fliegt Baron Münchhausen noch heute auf einer Kugel durch die Lüfte

als Orangerie entstanden war. Die Pferde- und Reitergruppen aus Sandstein von Friedrich Christian Glume auf den Attiken erinnern an den einstigen königlichen Reitstall. Marstall und Schloss waren durch die sogenannte *Ringerkolonnade* verbunden, deren Reste unterhalb des Hotels Mercure im wieder entstandenen *Lustgarten* aufgestellt wurden. *Tgl. 10–18 Uhr | Breite Straße 1a (im Marstall)* | *www.filmmuseum-pots*

*gänge)*. *Bassinplatz* | *Straßenbahn 92, 96 | Bus 692*

**7 FREUNDSCHAFTSINSEL** [117 E–F3]

Die Insel, unmittelbar an der Langen Brücke zwischen der *Neuen* und der *Alten Fahrt* der Havel gelegen, wurde anlässlich der Buga mit mehr als 100 000 Stauden und 35 000 Blumenzwiebeln wieder neu bepflanzt. *Straßenbahn 91, 92, 93, 96, 99, X98 | Bus 695*

### 8 GEDENKSTÄTTE FÜR DIE OPFER POLITISCHER GEWALT IM 20. JH. [117 D2]

Im Zweiten Weltkrieg schleppten die Nazis politische Gefangene in das Haus, danach quälten hier der sowjetische Geheimdienst NKWD und ab 1952 die Staatssicherheit der DDR unzählige Menschen. Zu sehen sind der Zellentrakt, die Gefängnishöfe und eine Ausstellung zur Geschichte der politischen Justiz. *Di–Sa 10–18 Uhr | Lindenstr. 54 | Straßenbahn 91, 94, X98 | Bus X5, 605, 606, 612, 614, 631*

### 9 GROSSES MILITÄRWAISENHAUS [117 E3]

Man meint, einen königlichen Palast vor sich zu haben, steht aber vor einer karitativen Einrichtung besonderer Art. In dem Gebäude wurden uneheliche Soldatenkinder erzogen, die unter elenden Bedingungen bis zu 35 Stunden in der Woche in Manufakturen arbeiten mussten. Von der 1945 weitgehend zerstörten Anlage sind noch zwei Flügel erhalten. *Dortu Straße/Breite Straße | Bus 695, X5*

### 10 HAUS DER BRANDENBURGISCH-PREUSSISCHEN GESCHICHTE [117 E3]

Die ständige Ausstellung „Land und Leute, Geschichten aus Brandenburg-Preußen" unternimmt eine erlebnisreiche Reise durch 900 Jahre Landesgeschichte. Rund 400 originale Objekte sowie Fotos, Filme und interaktive Multimediastationen erzählen in neun Kapiteln von der bewegten und bewegenden Vergangenheit Brandenburg-Preußens. *Di bis Fr 10–17, Sa/So 10–18 Uhr | Am Neuen Markt (im Kutschstall) | www.hbpg.de | Straßenbahn 91, 92, 93, 96, 99, X98 | Bus 695*

### 11 HOLLÄNDISCHES VIERTEL ★ [117 E2]

Ein kleines holländisches Idyll mitten in Potsdam, salopp auch „Klein-Amsterdam" genannt. 1734 wurde das Architektur-Ensemble für holländische Kolonisten begonnen, 1742 war es fertig. Insgesamt entstanden in vier Karrees unter Leitung des Holländers Johann Boumann 59 Gie-

Holländisches Viertel: ein barockes Schmuckstück mit charmanten Cafés und Geschäften

bel- und 75 Traufenhäuser mit hübschen Vorgärten. Nach denen braucht man nicht Ausschau zu halten, denn der letzte verschwand schon 1928. An Holland erinnert auch die ebenfalls aus rotem Backstein errichtete westliche Häuserfront der nahen Straße Am Bassin, die rund 40 Jahre nach „Klein-Amsterdam" entstand. *www.hollaendisches-viertel-potsdam. de | Straßenbahn 92, 96 | Bus 692*

**12 JÄGERTOR** [117 D–E2]
Das bescheidene Tor von 1733 ist das älteste Potsdams. Bis heute wird gerätselt, wer die Jagdszene aus Sandstein auf der Attika geschaffen haben könnte. *Hegelstr. | Bus 692, 695*

**13 JAN-BOUMAN-HAUS** [117 E2]
Das 1735 erbaute Holländerhaus wurde originalgetreu restauriert und zum Museum für das Holländische Viertel. Sie bekommen hier einen Eindruck von der Innenarchitektur holländischer Häuser des 18. Jhs. *Mo–Fr 13–18, Sa/So 11–18 Uhr | Mittelstr. 8 | www.jan-bouman-haus. de | Straßenbahn 92, 96 | Bus 692*

**14 LINDENSTRASSE** [117 D2–3]
Hier gibt es eine fast noch vollständige Bebauung aus der zweiten barocken Stadterweiterung: Die Häuser Nr. 1–22 entstanden 1734–38 als zweigeschossige Typenbauten. Die Einheitlichkeit ging aber in den vergangenen 250 Jahren durch Um- und Anbauten vielfach verloren. Haus Nr. 25 war Lazarett des Regiments der Leibgarde, zwei Sandsteinfiguren mit Szenen der Krankenpflege verweisen auf die einstige Bestimmung. Die Häuser Nr. 28, 29 und 35–39

dienten als Kaserne. Im Haus Nr. 44 wohnten die Gebrüder Räntz, Bildhauer aus Bayreuth. Sie haben den reichen Figurenschmuck am Neuen Palais und den Communs mitgeschaffen. Offensichtlich blieb den beiden noch genügend Zeit für die reiche Bauornamentik ihres Hauses. Im Haus Nr. 54/55 befand sich zu DDR-Zeiten die Untersuchungshaftanstalt der Potsdamer Staatssicherheit, mit bitterem Zynismus „Lindenhotel" genannt. *Straßenbahn 91, 94, X98 | Bus X5, 605, 606, 612, 614, 631*

**15 NATURKUNDEMUSEUM** [117 E3]
Die 1,5 m große Welsdame „Weline" **Insider Tipp** ist der Star im Naturkundemuseum. Dort schwimmt sie in einem der 22 Süßwasseraquarien, in denen sich fast 40 Fischarten tummeln. Das Museum zeigt die Vielfalt der heimischen Gewässerfauna wie Fische, Krebse und Muscheln.

Das Museum befindet sich im historischen Ständehaus des einstigen Havelländisch-zauchischen Kreises, einem der schönsten Gebäude der Stadt. Im Erdgeschoss und im zweiten Obergeschoss saßen einst die Steuereinnehmer, im ersten Obergeschoss tagten die Abgeordneten. Die drei östlichen Achsen der Hauptfront wurden 1945 zerstört. *Di–So sowie jeden 1. Mo im Monat 9–17 Uhr | Breite Str. 13 | www.naturkundemu seum-potsdam.de | Bus 695*

**16 NAUENER TOR** [117 E2]
Friedrich II. lieferte Johann Gottfried Büring 1755 die Skizze für das Tor, das etwa hundert Jahre später unter dem Einfluss der englischen Neugo-

tik verändert wurde. Es ist vermutlich das früheste Bauwerk dieser Art auf dem europäischen Kontinent. Seit der jüngsten, 1996 beendeten Restaurierung zeigt sich das Tor nicht mehr im gewohnten Preußisch-Ocker, sondern in Steingrau, was bei den Potsdamern heftige Diskussionen auslöste. Die Denkmalpfleger beharrten aber auf ihrem Standpunkt, so sei der Anstrich im 19. Jh. gewesen. *Friedrich-Ebert-Str./Hegeallee | Straßenbahn 92, 96 | Bus 692*

**17 NEUER MARKT** [117 E3]

Der im 17. Jh. planmäßig angelegte Platz wurde in den letzten Jahren wieder schön hergerichtet. Auch das Haus Nr. 1, in dem 1767 vermutlich Wilhelm von Humboldt geboren wurde und in dem der spätere König Friedrich Wilhelm II. wohnte. 1770 kam hier der spätere König Friedrich Wilhelm III. zur Welt, der als Einziger aus dem Hause Hohenzollern Potsdam als Geburtsort angeben konnte. 1833 zog das königliche Kabinett ein – daher die Bezeichnung *Kabinetthaus.*

Hofzimmermeister Johann Georg Brendel, der an bekannten Bauwerken in und um Potsdam mitgewirkt hatte, lebte um 1770 im Haus Nr. 2. Seine Initialen „J. G. B." sind auch heute noch im schmiedeeisernen Rokokogeländer der Freitreppe zu sehen. Das Haus in der Platzmitte – heute ein Restaurant – war die städtische *Ratswaage.*

Den triumphbogenähnlichen Eingang zum ehemaligen *königlichen Kutschstall* bekrönt eine Quadriga. Modell für den Wagenlenker soll der Leibkutscher Friedrichs II., Johann

---

## > BÜCHER & FILME
### *Potsdamer Geschichten in Wort und Bild*

> **Fürst Pückler – Parkomanie in Muskau und Branitz** – Verschiedene Autoren zeichnen ein authentisches Bild des großen Gartenkünstlers und machen mit den von ihm geschaffenen Parklandschaften bekannt.

> **Rabenschwarz: Zepter und Mordio** – Im Mittelpunkt des spannenden und zugleich vergnüglichen Preußen-Krimis von Tom Wolf steht die Aufklärung mysteriöser Todesfälle beim Bau des Neuen Palais durch den umtriebigen Hofküchenmeister Honoré Langustier.

> **Adieu Potsdam** – Die 1913 geborene Offizierstochter Erika von Horstein erinnert sich an ihre Kindheit und Jugend in der Umgebung des Hohenzollernhofes.

> **Potsdam** ist die Filmstadt schlechthin, seit 1912 wird hier Filmgeschichte geschrieben, Ufa und Defa stehen dafür. Unzählige Filme sind in den Filmstudios Potsdam-Babelsberg gedreht worden, vom Klassiker wie **Die Feuerzangenbowle** mit Heinz Rühmann über **Die Sonnenallee** von Leander Haußmann oder **Der Pianist** von Roman Polanski bis hin zur 2008 oskargekrönten Koproduktion **Die Fälscher**. Auch die Soaps **Gute Zeiten, schlechte Zeiten** und **Schloss Einstein** sind TV-Produktionen der Filmstudios Babelsberg.

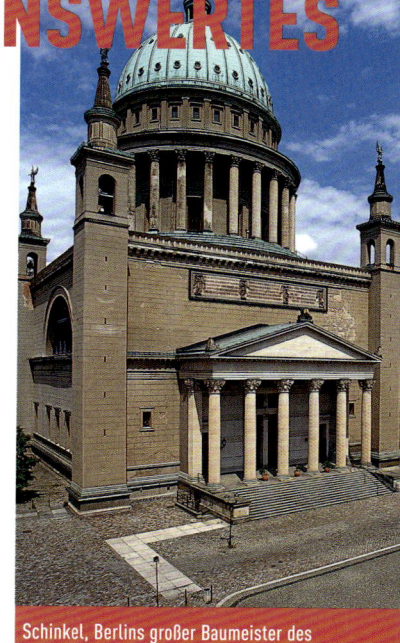

Georg Pfund, gestanden haben. Im Kutschstall hat das neue Haus der Brandenburgisch-Preußischen Geschichte sein Domizil bekommen. *Straßenbahn 91, 92, 93, 96, 99, X98 | Bus 695*

**18 NIKOLAIKIRCHE** [117 E3]

Die Idee für den Bau mit der mächtigen Kuppel, der den Alten Markt beherrscht, lieferte der spätere König Friedrich Wilhelm IV. Die Pläne stammen von Karl Friedrich Schinkel, der weitgehend auch die Innenausstattung besorgte. *Am Alten Markt | Straßenbahn 91, 92, 93, 96, 99, X98 | Bus 695*

**19 PETER-PAULS-KIRCHE** [117 E2]

Die 1870 fertiggestellte katholische Kirche gilt als typisches Beispiel für den Historismus, der hier byzantinische und romanische Stilelemente in den Bau einfließen ließ. *Bassinplatz | Straßenbahn 92, 96 | Bus 692*

**20 PLATZ DER EINHEIT** [117 E3]

Als eines der Buga-Projekte erfuhr der Platz eine Neugestaltung. Integriert wurden das nach 1945 gebaute *Mahnmal für antifaschistische Widerstandskämpfer* und das *Denkmal für den unbekannten Deserteur*, das die Partnerstadt Bonn nach der Einheit gestiftet hatte.

Früher stand neben dem neubarocken Hauptpostamt die jüdische Synagoge, die von den Nationalsozialisten in der Pogromnacht 1938 zerstört wurde. An sie erinnert eine Gedenktafel am Haus Nr. 1. An der Nordseite öffnete 1997 das Einkaufs- und Bürohaus *Wilhelmgalerie. Straßenbahn 93, 94, 99*

Schinkel, Berlins großer Baumeister des Klassizismus, schuf Potsdams Nikolaikirche

**21 POTSDAM-MUSEUM** [117 D–E2]

Im Erdgeschoss gibt das städtische Museum Einblick in seine mehr als 150 000 Gegenstände umfassenden Sammlungen, im Obergeschoss sind u. a. Gemälde und Grafiken des 18. bis 20. Jhs. zu sehen. *Di–So 10–18 Uhr | Benkertstr. 3 | Straßenbahn 92, 96 | Bus 692*

**22 ZWEITE NEUSTADT** [117 D–F2]

Auf dem Reißbrett wurden 21 Karrees abgesteckt und innerhalb von nur zehn Jahren planmäßig 584 Häuser erbaut. Friedrich Wilhelm I. hatte 1732 den Befehl zu dieser zweiten barocken Stadterweiterung gegeben, kurz „Zweite Neustadt" genannt, denn der Soldatenkönig brauchte Quartier für seine Soldaten. Die Ledigen mussten in den noch heute vielfach vorhandenen, in der Mittelachse ausgebauten Giebelstuben untergebracht werden. Der plastische Schmuck zahlreicher Häuser weist auf die einstigen Besitzer hin. Glanzpunkt der Zweiten Neustadt, die am Brandenburger Tor beginnt, ist das aus vier Karrees bestehende *Holländische Viertel* am anderen Ende. *Straßenbahn 92, 96 | Bus 692*

# AM RAND DER CITY

> **Wenn Sie Potsdam in seiner ganzen Vielfalt an Parkanlagen, architektonische Meilensteinen und berühmten Filmkulissen kennenlernen möchten, verlassen Sie die City.** Besuchen Sie den jüngsten Park der Stadt, den die Bundesgartenschau 2001 hinterlassen hat, oder den Wissenschaftspark mit dem expressionistischen Einsteinturm auf dem Telegrafenpark, denn in Pots-

dam sind seit jeher Forscher und Wissenschaft beheimatet. Der weiträumige Stadtteil Babelsberg *(s. für den Innenstadtbereich auch Stadtviertel „Neuer Garten & Park Babelsberg")* wurde international durch die *Filmstudios* bekannt, der *Filmpark Babelsberg* zu einem weiteren Touristenmagnet Potsdams. Hat es doch etwas Magisches, hinter die Kulissen von Kino und Fernsehen schauen zu können. Alle Ziele am Rand der City sind gut mit öffentlichen Verkehrsmitteln erreichbar.

**1** **ALTER FRIEDHOF** [118 A4–5]
In den Befreiungskriegen kam 1813 der Jäger August Renz aus dem Lützowschen Freikorps zu Tode. Erst da stellte man fest: Er war gar kein Mann, sondern eine Frau namens Eleonore Prochaska. Zum Gedenken erhielt sie an der Hauptallee eine toskanische Säule mit Adler. Das Denkmal daneben erinnert an dreitausend

Filmpark Babelsberg mit Studiotour, Shows und dem originalen Außenset der Soap „GZSZ"

mit ihr gegen Napoleon Gefallene. Auf dem 1796 angelegten Friedhof ruhen auch der Begründer des deutschen Genossenschaftswesens, Hermann Schulze-Delitzsch (1818–83), und der berühmte Potsdamer Orgelbauer Alexander Schuke (1870–1933). *Dez.–Feb. tgl. 8–16, März/April, Sept./Okt. 7–18, Mai–Aug. 7–20, Nov. 8–17 Uhr | Heinrich-Mann-Allee | Straßenbahn 91, 92, 93, 96, 99, X98*

### 2 BIOSPHÄRE POTSDAM ⭐ [113 D4]

Deutschlands größter Tropengarten präsentiert einen Dschungel aus 20000 Pflanzen. Bis zu 14 m hohe Bäume und Palmen bilden das grüne Dach des Regenwalds, die Pfade säumen Orchideen, Kakao- und Kaffeepflanzen. Wasserfall, Geräusche des tropischen Waldes und stündlich Gewitter mit Regenschauern und Nebel schaffen die richtige Dschungelatmosphäre. Terrarien mit Insekten sowie tropische Fische in der Unterwasserstation zeigen eine Auswahl der tropischen Tierwelt. *Mo–Fr 9–18, Sa/So 10–19 Uhr | Georg-Hermann-Allee 99 | Tel. 55 07 40 | www.biosphaere-potsdam.de | Straßenbahn 92, 96*

### 3 FILMPARK BABELSBERG ⭐ [119 E4–5]

Der Filmpark – entstanden auf dem Gelände der einst größten Filmstadt Europas, die sich heute *Medienstadt Babelsberg* nennt – bietet Ihnen viel: Autocrashs, aufsteigende Rauch- und Nebelschwaden, rasante Verfolgungsjagden und Sprünge aus schwindelerregender Höhe. All dies zeigt die *Babelsberger Stuntcrew* frei nach Motiven des Kinohits „Mad Max III" in ihrer atemberaubenden Show. Schauplatz ist die monumentale Kulisse eines erloschenen Vulkankraters.

Im *Fernsehstudio 1* können Sie auf einer großen Videoleinwand die einzelnen Produktionsschritte verfolgen oder ==selbst im Rampenlicht stehen==, zum Beispiel als Nachrichtensprecher, Wetterfee oder Aufnahmeleiter. In *Merlins Rückkehr* demonstriert einer der profiliertesten Filmtiertrainer Deutschlands seine Arbeit mit wilden Tieren vor der Kamera. Auch hier erleben Sie das Spektakel hautnah und können mitmachen. Schön gruselig geht es im *Dorf der Wölfe* zu. Hier sind Originalfilmdekorationen aus Horror- und Gruselfilmen zu bewundern, in denen Pranger, Guillotine und Spukhäuser für Gänsehaut sorgen.

Wem das noch nicht reicht, der lässt sich im *4D-Actionkino* richtig

*Insider Tipp*

durchrütteln. Auf den bewegten Sitzen, begleitet von Wind und Nebel, erleben Sie modernste Kinotechnik. In der neuen Ausstellung *Die 7 Weltwunder des Films* werden die faszinierenden Möglichkeiten der Tricktechnik in Szene gesetzt. Willkommen zum Flug auf Münchhausens Kanonenkugel oder zu einer rasanten Fahrt im Cabrio.

Im *Sandmann-Haus* wohnen der Sandmann und seine Freunde, im gläsernen Studio ist die Entstehung neuer Sandmännchenfolgen zu beobachten. Hinter einem bunten Bretterzaun entstand nach Janoschs Buch „Oh wie schön ist Panama" ein *Kinderpark* mit Spielscheune, Hängebrücken, Wasserspielen und Kinderrestaurant. Wer von den kleinen Besuchern Lust auf echte Mutproben hat, geht zum *Dschungelabenteuerspielplatz* mit Pendelwippe und Seilbahn, Wippbrücke, Buschhaus und Palmeninsel.

Babelsberg zählt zu den größten und ältesten Filmstudios der Welt. Hier standen seit 1912 Stars wie Greta Garbo, Marlene Dietrich, Yves Montand und Omar Sharif vor den Kameras. Über 3000 Kino- und Fernsehfilme haben die Studios bis heute verlassen. Die *Studiotour*, eine 20-minütige Shuttlefahrt, führt Sie auf das ansonsten nicht zugängliche Gelände der Medienstadt Babelsberg. Für den individuellen Besuch der Attraktionen des Filmparks sollten Sie mindestens sechs Stunden einplanen.

Wollen Sie sich nach all den Vergnügungen stärken, dann bietet sich im Eingangsbereich des Parks das Erlebnisrestaurant *Prinz Eisenherz* an. Die Ausstattung stammt zum größten Teil aus dem deutsch-britischen Fantasyspektakel gleichen Namens.

Jährlich im Sommer findet die Filmparknacht statt, eine Nacht der Fabelwesen und Magie in den phantastischen Kulissen des Filmparks. *Mitte März–Okt. tgl. 10–18 Uhr, Juni/Sept. Mo/Fr geschl. | Großbeerenstraße | Tel. 721 27 50 | www.filmpark.de | Bus 601, 690*

**4 NEUER FRIEDHOF** [118 A5–6]
Letzte Ruhestätte unter anderem für den Landschaftsarchitekten Gustav Meyer (1816–77) und den Schriftsteller Bernhard Kellermann (1879 bis 1951). Der nach 1863 eingeweihte und von Lenné gärtnerisch gestaltete Friedhof ist der größte Potsdams. *Geöffnet wie Alter Friedhof | Heinrich-Mann-Allee | Straßenbahn 91, 92, 93, 96, 99, X98*

**5 STAUDENGÄRTNEREI FOERSTER** [112 A4]
Der historische Hausgarten von Karl Foerster (1874–1970), einem der bedeutendsten Gartengestalter und Staudenzüchter des 20. Jhs., ist seit der Bundesgartenschau 2001 wieder öffentlich zugänglich. Foerster hatte den rund 6000 m² großen Garten ab 1912 in Bornim angelegt. Der Potsdamer Ehrenbürger züchtete mehr als 600 Stauden und verfasste mehrere Gartenbücher. Aus seinem *Züchtungs- und Forschungsbetrieb winterharter Blütenstauden*, der von der DDR 1972 verstaatlicht wurde, ist die *Foerster-Stauden GmbH* hervorgegangen. *Tgl. 9 Uhr bis Einbruch der Dunkelheit | Am Raubfang 6 | Bus 692*

# SEHENSWERTES

### 6 VOLKSPARK POTSDAM [112–113 C–D 3–4]

Das ehemalige Gelände der Bundesgartenschau lädt ein zur Erholung, zu Sport und Spiel sowie – als größte Openairbühne Potsdams – zu Kultur und Unterhaltung. Es gibt eine Kletteranlage, eine Riesenrutsche, Trampoline sowie Streetball- und Beachvolleyballanlagen. Ideal zum Inlineskaten ist ein vier Kilometer langer Park gibt es 14 weitere Eingänge. *Tgl. 5–23 Uhr | www.volkspark-potsdam.de | Straßenbahn 92, 96*

### 7 WISSENSCHAFTSPARK ALBERT EINSTEIN [117 E–F 5–6]

Der *Große Refraktor* von 1899 sowie der 20 m hohe *Einsteinturm,* der seit seiner Eröffnung 1924 weltweit als einer der originellsten und wichtigsten Bauten des 20. Jhs. gilt, sind die

Einsteinturm: In dem expressionistisch gestalteten Observatorium wird noch heute geforscht

Rundkurs. Was in vielen Parks verboten, ist hier sogar erwünscht: „Betreten des Rasens erbeten!"

In die einstige Buga-Halle zog unter dem Namen *Biosphäre* in Deutschland einzigartiger Tropengarten. Der Haupteingang zum Urwald in der Stadt befindet sich an der Georg-Hermann-Allee, rund um den markantesten Bauwerke des Wissenschaftsparks auf dem *Telegrafenberg.* Im Refraktor kann man einen Blick durch das viertgrößte Linsenteleskop der Welt werfen. *Wissenschaftspark tgl. 8–18 Uhr | Innenbesichtigung des Turms nur Okt.–März mit Führung | Termine: Tel. 29 17 41 (Urania) | www.urania-potsdam.de | Bus 693*

# > REGIONALE PRODUKTE STEHEN HOCH IM KURS

Frischer Fisch, Beelitzer Spargel, Teltower Rübchen und der „Werderaner Wachtelberg" sind die Spezialitäten Potsdams

> **Kräftig und würzig ist das Essen, solide Hausmannskost, aber keinesfalls einfallslos. Das beweisen die Sterne bzw. Kochlöffel, die renommierte Gastronomieführer Potsdamer Restaurants verliehen haben.**

Die Palette der Restaurants und Cafés in Potsdam ist groß. Jeder findet das Ambiente, in dem er sich wohl fühlt, Speisen seines Geschmacks und viele Gerichte in allen Preislagen. Eine eigene Potsdamer Küche gibt es nicht, aber eine regionale. Die wird geprägt von dem, was die Gegend so hergibt, das sind Fisch aus den umliegenden Seen, Beelitzer Spargel, Teltower Rübchen, Spreewälder Gurken. Und hoch im Kurs steht die Kartoffel.

Gegessen wird auch das, was typisch für Berlin ist: Kassler beispielsweise (leicht geräucherter und gepökelter Schweinsrücken), benannt nach dem einstigen Berliner

Bild: La Maison du Chocolat im Holländischen Viertel

![Blackboard menu reading BEELITZER SPARGEL mit... Parmaschinken 15,- €, Maispoulardenbrust 16,- €, gebratenem Zanderfilet 16,50 €, kleinem...]

# ESSEN & TRINKEN

Schlachtermeister Cassel in der Potsdamer Straße 15, oder Eisbein (gepökelte und gekochte Schweinehaxen).

„Gesuppt" wird seit jeher gern. So ist bekannt, dass Friedrich Wilhelm IV. im Mai 1846 Order gab, jeden Morgen Brunnen- und Gartenkresse, Gänseblümchen, Sauerampfer und andere Kräuter zu pflücken. Sie waren für den Naturforscher Alexander von Humboldt bestimmt, des Königs Gast. Er hatte täglich um eine Suppe mit diesen Kräutern gebeten. Aus DDR-Zeiten hat sich die Soljanka erhalten, die ihren Ursprung in der Ukraine hat. Gut zubereitet (mit gekochtem Schinken, Kochsalami, Gewürzgurken), hätte vielleicht sogar Humboldt für sie auf sein Kräutersüppchen verzichtet.

Zu Ruhm gelangten die Teltower Rübchen, benannt nach einem kleinen Städtchen östlich von Potsdam. Unter dem Stichwort „Teltower Rüb-

Insider Tipp

chen" steht im „Universal-Lexikon Kochkunst" von 1899: „Eine berühmte Zuchtform der weißen Rübe, die im Sandboden der Mark Brandenburg angebaut wird." Das mit der Zuchtform ist arg übertrieben, denn im kargen märkischen Sandboden

hat als Kriterien festgelegt: Höchstens 2,5 cm dick und daumenlang dürfen sie sein.

Eine weitere Delikatesse in Potsdam ist der Spargel. Rund um Beelitz, fast vor den Toren von Potsdam, wächst er im märkischen Sandboden

Nicht nur an lauen Sommernächten trifft man sich gern im Café Heider

bleiben die Rüben winzig und bekommen dadurch ihren zarten Geschmack. Goethe, als Feinschmecker bekannt, probierte sie bei seinem Berlin-Besuch und ließ sich fortan regelmäßig welche mit der Postkutsche nach Weimar schicken. Zu DDR-Zeiten waren die kleinen Wurzeln mit dem pikanten Geschmack fast von der Speisekarte verschwunden, in den letzten Jahren erlebten sie eine Renaissance. Ein Verein, der über Anbau und Vermarktung wacht,

bestens. In der Spargelsaison von Mitte April bis zum 24. Juni, dem Johannistag, steht frischer Beelitzer Spargel in wohl jedem Restaurant auf der Karte. Beelitzer Spargel ist in der Region rund um Potsdam so etwas wie der Rolls Royce der Spargelsorten. Der kurze Weg vom Erzeuger bis zum Verbraucher garantiert: Was morgens in aller Frühe gestochen wurde, wird Ihnen noch am gleichen Tag serviert. Daher ist Spargelessen in Potsdam Kult. Immer mehr Res-

> www.marcopolo.de/potsdam

taurants bringen den Spargel nicht mehr nur traditionell mit zerlassener Butter oder Sauce hollandaise auf den Tisch, sondern bieten immer neue Spargelkreationen an.

Gerichte „frisch von hier und lecker" servieren die Restaurants, die das Logo *Brandenburger Teller* angebracht haben. Eine unabhängige Fachjury prüft die Gerichte. Die von ihr ausgewählten Spezialitäten dürfen ein Jahr lang auf der Speisekarte des jeweiligen Restaurants mit dem Logo ausgezeichnet werden. Garantiert wird damit die Verwendung von regionalen Zutaten und eine frische Zubereitung.

Die Potsdamer trinken mit Vorliebe Bier, das Pils aus der eigenen Stadt, aber auch das der bekannten ostdeutschen Traditionsmarken Radeberger, Wernesgrüner oder Lübzer. Im Sommer ist die Berliner Weiße beliebt, ein obergäriges, leicht säuerliches Weißbier. Man trinkt es „mit Schuss" – und dieser ist ein Schnapsgläschen Himbeer- oder Johannisbeersirup. Wer „Weiße mit Strippe" bestellt, bekommt einen Kümmel dazu.

In Werder auf dem Wachtelberg sprießen heute auf 62 000 m² die Reben für einen trockenen Müller-Thurgau. Damit wurde eine alte Tradition wieder belebt. Der „Werderaner Wachtelberg" ist ein milder Wein, der jung am besten schmeckt.

In Brandenburgs Gaststätten müssen Raucher entweder vor die Tür gehen oder die Glimmstängel stecken lassen. Das Bundesland hat nach Bayern das zweitschärfste Nichtrauchergesetz. In Gaststätten ist der blaue Dunst nur noch in abgetrennten Räumen erlaubt, die deutlich gekennzeichnet sein müssen. In allen öffentlich zugänglichen Räumen, also auch in Einkaufspassagen, Hotellobbys und Diskos, verbietet das Gesetz zum Schutz von Nichtrauchern die Glimmstängel. Bei Verstößen gibt es empfindliche Strafen: bis zu 1000 Euro Bußgeld für die Wirte und bis zu 100 Euro für die Raucher.

## ■ CAFÉS

### CAFÉ HEIDER ▶▶      [117 E2]

In dem seit 1878 bestehenden Kaffeehaus können Sie sich mit Spezialitäten verwöhnen lassen, wie sie schon der einstige kaiserlich-königliche Hofkonditor kreierte. Längst ist das Heider nicht mehr nur Café, sondern auch ein gutes Restaurant. Beliebt ist der üppige Sonntagsbrunch 10–14.30 Uhr. *Tgl. ab 8 Uhr | Friedrich-Ebert-Str. 29 | Tel. 270 55 96 | Straßenbahn 92, 96 | Bus 609, 692*

# MARCO POLO HIGHLIGHTS

★ **La Maison du Chocolat**
Eine köstliche Verführung der Sinne
(Seite 64)

★ **Le Bistro**
Vorbildlich zubereitete internationale und regionale Speisen (Seite 65)

★ **Friedrich Wilhelm**
Ein Michelin-Stern für exzellente Kochkunst (Seite 64)

★ **Meierei im Neuen Garten**
Potsdams beliebtester Biergarten
(Seite 66)

# RESTAURANTS €€€

### LA MAISON DU CHOCOLAT ⭐ [117 E–F2]

Kleine Köstlichkeiten und toller Kuchen, die Spezialität ist französische Trinkschokolade. *Tgl. | Benkertstr. 20 (Ecke Mittelstr.) | Tel. 237 07 30 | Straßenbahn 92, 96 | Bus 609, 692*

### SCHIFFSRESTAURANT JOHN BARNETT ✵ [118 A2]

Bei Wein oder Bier vom Oberdeck oder durch große Bullaugen des früheren Lastkahns über den Tiefen See zum Park Babelsberg blicken. Die Küche ist mediterran geprägt. Radlern wird der „Kleine Pannenservice" angeboten: Flickzeug erwerben, Luftpumpen ausleihen oder das Rad für einen Tag deponieren. *Tgl. | Schiffbauergasse 12a | Tel. 201 20 99 | Straßenbahn 93*

### WIENER RESTAURANT & CAFÉ [117 D2]

Nicht nur die leckeren süßen Sachen schmecken, sondern auch die warmen Gerichte. *Tgl. | Luisenplatz 4 | Tel. 967 83 14 | Straßenbahn 91, 94, X98 | Bus X15, 695*

## ◼ RESTAURANTS €€€

### FIORE [117 E2]

Elegantes Restaurant mit einer feinen Küche und liebenswertem Service. *Tgl. | Hegelallee 11 (im Hotel am Jägertor) | Tel. 201 11 00 | Bus 692, 695*

### IL TEATRO ✵ [118 A2]

Gehobene italienische Küche in der alten Zichorienmühle neben dem Hans-Otto-Theater und ein herrlicher Blick auf den Tiefen See. *Tgl. | Schiffbauergasse 12 | Tel. 20 09 72 91 | www.ilteatro-potsdam.de | Straßenbahn 93, 94, 99*

## ❯ GOURMETTEMPEL

### *Kulinarische Experimente, perfekte Bedienung*

### FRIEDRICH WILHELM ⭐ [120 A6]

In dem eleganten Restaurant erkochte Brandenburgs Spitzenkoch Alexander Dressel einen Michelin-Stern. Hier genießen Sie die Köstlichkeiten einer leichten, mediterran inspirierten Küche. *Hauptgerichte ab 30 Euro | So/Mo geschl. | Im Wildpark 1 (im Hotel Bayrisches Haus) | Tel. 550 55 60 | www.bayrisches-haus.de | Bus 631*

### RESTAURANT JULIETTE [117 E2]

Feine, leichte französische Küche in einem kleinen Gourmetrestaurant, gemütlich rustikal mit Kamin eingerichtet. *Hauptgerichte ab 26 Euro | tgl. | Jägerstr. 39 | Tel. 270 17 91 | www.restaurant-juliette.de | Straßenbahn 92, Bus 694, 695, 697*

### SPECKERS LANDHAUS [117 E1]

Abwechslungsreiche Speisen, vorzügliche Weinkarte und ein angenehmer Service. *Hauptgerichte ab 26 Euro | So/Mo geschl. | Jägerallee 13 | Tel. 280 43 11 | www.speckers.de | Bus 692, 695*

### ZUM STARSTECHER [117 F2]

Frische deutsche Küche mit mediterranem Einschlag in bayerisch-rustikalem Ambiente. *Hauptgerichte ab 17 Euro | tgl. | Leiblstr. 12 | Tel. 581 37 47 | www.zumstarstecher.de | Straßenbahn 92, 96*

# ESSEN & TRINKEN

### LE BISTRO ⭐ [117 E1]
Mit vielen kulinarischen Ideen und einem gut sortierten Weinangebot werden Sie hier verwöhnt. *Tgl. | Jägerallee 20 (im Dorint Sanssouci) | Tel. 27 40 | Bus 692, 695*

### MAISON CHARLOTTE [117 E2]
*Tipp der pp*

Der Koch, dem Sie bei der Arbeit zuschauen können, zaubert Gaumenfreuden auf die Teller. Köstlich ist die Bretonische Fischsuppe, schön der lauschige Innenhof. *Tgl. | Mittelstr. 20 | Tel. 280 54 50 | www.restaurant-juliette.de | Straßenbahn 92, 96 | Bus 692*

### SCHLOSSRESTAURANT CECILIENHOF [113 F4]
Elegantes Restaurant mit dunkler Holztäfelung. Feine Küche und freundlicher Service. *Tgl. | Neuer Garten | Tel. 370 50 | Bus 692*

### ■ RESTAURANTS € €

### GASTMAHL DES MEERES [113 D2]
Frischer Fisch aus den märkischen Seen, darunter auch Hecht und Zander. *Tgl. | Brandenburger Str. 72 | Tel. 29 18 54 | www.rueckerts.de | Straßenbahn 91, 94, X98 | Bus X15, 695*

### HISTORISCHE MÜHLE [121 E3]
Das traditionelle Ausflugslokal in unmittelbarer Nähe von Schloss Sanssouci hat Mövenpick nach jahrelangem Leerstand neu belebt. Im angebauten gläsernen Palmengarten erwartet Sie ein breites Speisenangebot. *Tgl. | Zur Historischen Mühle | Tel. 28 14 93 | Bus X15, 695*

### KARTOFFEL PUB [119 D5]
Mehr als 100 Gerichte von und mit der Kartoffel aus dem In- und Ausland. *Tgl. | Großbeerenstr. 107 | Tel. 71 01 59 | Bus 601, 690*

### KLOSTERKELLER [117 E2]
Deutsche und internationale Küche, auf der Getränkekarte stehen mehr als

Nobellokal mit kreativer französischer Küche: das Restaurant Juliette

100 Wein- und Sektsorten. Durch die zentrale Lage meist gut besucht. *Tgl. | Friedrich-Ebert-Str. 94 | Tel. 29 12 18 | www.klosterkeller.potsdam.de | Straßenbahn 92, 96 | Bus 692*

# RESTAURANTS €€

## MEIEREI IM NEUEN GARTEN ⭐ ❄ [113 F4]

Die Gasthausbrauerei direkt am Jungfernsee ist Potsdams beliebtester Biergarten. In den kupfernen Braukesseln wird das „Meierei hell", ein naturtrübes helles Bier, und ein alle vier Wochen wechselndes Spezialbier gebraut. Empfehlenswert: der *Potsdamer Rosenkranz* (Schweinebratwurst in Zwiebel-Biersauce, Stampfkartoffeln und Rote-Beete). *Okt.–März Mo geschl. | Tel. 704 32 12 | www.meierei-potsdam.de | Bus 692*

Insi Tip

# > SPEZIALITÄTEN
### Genießen Sie die typisch Potsdamer Küche!

*Aal grün* – zerteilter und in Brühe gekochter Aal, serviert in einer mit saurer Sahne und gehackten Kräutern zubereiteten Soße; dazu gehört urkensalat

*Buletten* – Hackfleischbällchen, anderswo heißen sie meist Frikadellen

*Eier-Spargel-Salat* – in Scheiben geschnittene Eier sowie kleine Spargelstücke, Zwiebelringe und Mandarinenstückchen in einer würzigen Soße; dazu gibt es Bauernbrot und Tomaten

*Eisbein* – gepökelte, portionierte Schweinehaxe, serviert mit Sauerkraut, Erbsenpüree und Kartoffeln

*Gedünsteter Hecht mit Meerrettich* – Hechtscheiben mit einer aus dem Sud hergestellten Meerrettichsoße, das Ganze wird angerichtet mit Petersilienkartoffeln

*Gefüllte Schmorgurke* – vom Kernfleisch befreite Gurkenhälften, mit Gehacktem gefüllt und in siedender Brühe glasig geschmort

*Gratinierte Spargel-Eierkuchen* – mit Spargel gefüllter Pfannkuchen, gratiniert mit Käse und verquirlter Eigelb-Sahne-Soße

*Gurkenauflauf* – geschälte Gurkenwürfel, in eine Auflaufform mit Tomaten- und Ei-Scheiben geschichtet; goldgelb überbacken mit Semmelbröseln und geriebenem Käse

*Gurkenpilze* – mit einer Eier-Radieschenmasse gefüllte, ausgehöhlte Gurke

*Havelzanderschnitte Müllerinart* – goldgelb gebratene, mit Zitronenscheiben angerichtete Zanderscheiben, die mit dem Bratfett, Kartoffeln und frischem Salat gereicht werden (Foto)

*Kartoffelsuppe* – gern serviert mit einer Bockwurst, saurer Sahne und gerösteten Weißbrotwürfeln

*Käsekuchen* – die Berliner sagen zu Quark meist Käse, was viele Potsdamer übernommen haben; so befindet sich auf dem Hefeteig eine schmackhafte Quarkmasse

*Märkischer Schmorbraten* – weich geschmortes Rindfleisch, dessen Soße mit saurer Sahne und etwas Senf zubereitet wird

# ESSEN & TRINKEN

In der Meierei im Neuen Garten gibt's selbst gebrautes Bier mit Blick auf den Jungfernsee

**ZUM FLIEGENDEN HOLLÄNDER** [117 E2]
Mit der Rekonstruktion der historischen Gaststätte von 1883 wurde ein Stück Potsdamer Stadtgeschichte wieder belebt. Ein gemütlicher Tresen und fünf Gasträume auf zwei Etagen. *Tgl. | Benkertstr. 5 | Tel. 27 50 30 | www.zum-fliegenden-hollaender.de | Straßenbahn 92, 96 | Bus 609, 692*

## ■ RESTAURANTS € ■

**BÜRGERSTUBEN** [117 E2]
Kräftige märkische Küche, die „Haxe bürgerlich" und den „Märkischen Wurstteller" gibt es das ganze Jahr über, eine Delikatesse ist der Sauerbraten. *Tgl. | Jägerstr. 10 (Ecke Gutenbergstraße) | Tel. 280 11 09 | Bus 692, 695*

**DRACHENHAUS** [120 B2]
Intime Atmosphäre in einer Pagode. Die Karte verzeichnet viele Geflügel- und Wildgerichte. *Tgl. | Maulbeerallee | Tel. 505 38 08 | www.drachenhaus.de | Bus 695*

**PALAZZO DE PERSIUS** [116 B5]
Pizzeria, Café und Cocktailbar in einem. Viele ==Pizzen aus dem Holz-steinofen== (Durchmesser ca. 32 cm) für nur 6 Euro. Köstlich auch die

Pasta-, Tapas- und Paellaspezialitäten und der frisch zubereitete Fisch. Über 100 verschiedene Cocktails. *Tgl. | Zeppelinstr. 136 (am Art´otel) | Tel. 909 88 13 | www.palazzodipersius.de | Straßenbahn 91, 94, X98 | Bus 695*

## >LOW BUDGET

> Kein Mittagessen kostet mehr als 3,50 Euro im öffentlichen *Bistro der Industrie- und Handelskammer* [117 E3] in der *Breite Str. 2* – auch vegetarische Gerichte *(Mo-Fr 11-14 Uhr)*.

> Hausgemachte Nudeln und Saucen aus eigener Produktion ab 3,50 Euro gibt es im *Nudelstar* [117 E2] in der *Brandenburger Str. 25 (Mo-Sa 11 bis 20 Uhr | www.nudelstar.de)*.

**RUSSISCHE TEESTUBE** [113 E5–6]
Borschtsch, Soljanka und weitere deftig-leckere ==Spezialitäten aus Russland.== Beim „Baltika", dem kräftigen Bräu aus St. Petersburg, sollte Zurückhaltung angesagt sein, denn der Alkoholgehalt ist höher als bei einheimischen Bieren. *Mo geschl. | Alexandrowka 1 | Tel. 200 64 78 | www.alexandrowka.de | Straßenbahn 92, 96*

# > SHOPPING IN INNENHÖFEN

Zahlreiche Geschäfte verstecken sich in der City hinter Toreinfahrten

> **Beliebt bei den Potsdamern und den Touristen sind die kleinen Einkaufsinnenhöfe in der City.**

Der jüngste ist das *Luisenforum* zwischen Brandenburger- und Hermann-Elflein-Straße [117 D3]. Und im Karree Brandenburger-, Linden- und Hermann-Elflein-Straße entstand das aus drei aneinander grenzenden Höfen bestehende Ladenzentrum *Lindenhof* [117 D3]. Hinter den Häusern Friedrich-Ebert-Str. 88 und 89 gibt es das *Hofgarten Karree* [117 E2], in dem auch der Berliner Prominentenfriseur Udo Walz eine Filiale eingerichtet hat. Von hier laufen Sie nur über die Friedrich-Ebert-Straße und sind im *Holländischen Viertel* [117 E2] mit seinen vielen kleinen Geschäften, die im Sommer einen Teil ihres Angebots auf dem Gehweg präsentieren. Und auf der Suche nach Antiquitäten sollten Sie Ihre Schritte in die *Lindenstraße* [117 D2–3] lenken.

Bild: Krongut Bornstedt

# EIN KAUFEN

Das *Potsdam-Center* direkt am Hauptbahnhof [117 F4] – wegen dieses Komplexes hätte Potsdam beinahe seinen Status als Welterbe verloren – soll von derzeit 56 000 m² Laden- und Bürofläche auf fast 180 000 m² erweitert werden. Die Potsdamer selbst fahren gern zum Shoppen in das *Stern-Center* an der Nuthe-Schnellstraße [123 E4]. Auf 35 000 m² Verkaufsfläche bieten hier 85 Fachgeschäfte ihre Waren an.

In der Brandenburger Straße entstand hinter der denkmalgeschützten Jugendstilfassade des ★ *Stadtpalais* [117 E3] ein modernes Kaufhaus. Das Jahre leer stehende Gebäude wurde zur beliebten Einkaufsstätte der Potsdamer und ihrer Gäste, aber auch zum Besuchermagnet. Denn beim Um- und Neubau blieb der beeindruckende Jugendstil-Lichthof von 1905 mit der künstlerisch wertvollen bemalten Glasdecke erhalten.

Insider Tipp

# ANTIQUARISCHES & ANTIQUITÄTEN

## ■ ANTIQUARISCHES & ANTIQUITÄTEN

### JÜRGEN TRUBEL [117 D3]

„Der mit dem roten Schal", das ist Jürgen Trubel. Im Angebot hat er Kunst und Krempel, Bilder und Bücher, neben Antiquarischem auch aktuelle Bestseller. Das Stöbern bereitet Vergnügen. *Luisenforum | Straßenbahn 91, 94, X98 | Bus 695, X15*

ten, blau bemalten Gefäße. *Mittelstr. 7 | Straßenbahn 92, 96 | Bus 609, 692*

## ■ MÄRKTE

### FLOH- UND BAUERNMARKT [118 C3]

Wer Shopping unter freiem Himmel mag, frische Produkte oder auch nur Krimskrams sucht, der eilt samstags 8–14 Uhr zum Babelsberger Weberplatz. *Straßenbahn 94, 99 | Bus 694*

Jürgen Trubel – der etwas andere Buchladen mit viel Flair

### ANTIQUITÄTEN IM HOLLÄNDISCHEN VIERTEL [117 E2]

Durch die Fenster ist wenig zu sehen, nur wer eintritt, kann hier fündig werden. *Benkertstr. 12 | Straßenbahn 92, 96 | Bus 609, 692*

## ■ KERAMIK

### KÖNIGSBLAU KERAMIK [117 E2]

Aus dem Fläming-Dorf Schmerwitz kommen die schönen handgetöpfer-

### POTSDAMER WOCHENMARKT [117 F2]

Bei den Händlern auf dem Bassinplatz finden Sie vor allem frisches Obst, vieles davon aus dem Havelland. *Mo–Fr 7–17, Sa 7–12 Uhr | Straßenbahn 92, 96 | Bus 609, 692*

## ■ REGIONALPRODUKTE

### KRONGUT BORNSTEDT [121 D2]

★ Viele der im Angebot befindlichen landestypischen Produkte

> *www.marcopolo.de/potsdam*

werden im Hohenzollern-Mustergut selbst produziert, Braunbier, Kommissbrot, aber auch Keramiken und Handgewebtes. *Ribbeckstr. 6/7 | www.krongut-bornstedt.de | Straßenbahn 92 | Bus 692*

## SOUVENIRS

### MUSEUMSSHOPS

Die Replik von manch wertvollem Stück aus der Königlichen Porzellan Manufaktur Berlin, das in den Potsdamer Schlössern fasziniert, wird in den Museumsshops in den Schlössern Sanssouci und Cecilienhof sowie im Neuen Palais angeboten. Zu haben sind auch Nachgüsse aus der sächsischen Kunstgießerei Lauchhammer. Der „Alte Fritz" und weitere preußische Könige und deutsche Kaiser stehen als Büste aus Hartformgips zum Kauf bereit. Der „Alte Fritz" ist auch als Zinnfigur erhältlich. Die *Freunde der Preußischen Schlösser und Gärten e.V.* betreiben diese Shops, die Erlöse kommen überwiegend dem Erhalt der Schlösser und Gärten zugute. *Schloss Sanssouci* [121 E3]: *Bus X15, 695; Schloss Cecilienhof* [113 F4]: *Bus 692; Neues Palais* [120 A3–4]: *Bus 695*

## SPEZIALITÄTEN

### ALTES POTSDAMER TEE & GEWÜRZKONTOR    [117 D3]

Honig aus aller Welt, italienische Basilikumsoße, orientalische Gewürze, französischer Senf, über 300 Teesorten und vieles mehr. *Lindenhof-Passage | Straßenbahn 94, 96 | Bus 695*

### CHOCO LADEN    [117 D3]

Edle Pralinen, die in Handarbeit gezaubert werden. *Luisenforum | Straßenbahn 91, 94, X98*

*Insider Tipp*

### WEINHANDLUNG IN VINO    [107 E2]

Hier sind viele Weine kleiner Weingüter zu entdecken, und die Winzer stellen auf Veranstaltungen ihre Weine vor *(erfragen unter Tel. 280 05 01). Dortustr. 61 | Straßenbahn 91, 94, X98*

## MARCO POLO HIGHLIGHTS

★ **Stadtpalais**
Shopping im historischen Ambiente des neuen Karstadt-Kaufhauses mit einem Jugendstil-Lichthof  (Seite 69)

★ **Krongut Bornstedt**
Regionalprodukte: Das Angebot reicht vom Brot über Bier bis zu Keramiken und Glas (Seite 70)

# > KULTUR QUERBEET

Ob Theater- und Konzertfreund oder Hip-Hop-Fan –
alle kommen sie in Potsdam auf ihre Kosten

> **Mit einer verwirrenden Fülle an Diskos, Kinos und Theatern kann Potsdam nicht aufwarten, doch die Stadt bietet jedem etwas, dem Nachtschwärmer ebenso wie dem Kulturgourmet.**

Potsdams Kunst- und Kulturszene trifft sich seit Kurzem in der Schiffbauergasse. Hier, am Ufer des Tiefen Sees, entstand der neueste Kulturstandort der Stadt. Reggae, Electro, Hip-Hop, Nachwuchsband oder Superstar, das Programm im *Waschhaus* ist bunt. Dazu kommen Partys bis in die frühen Morgenstunden. Zum Wahrzeichen der Schiffbauergasse wurde jedoch das neue *Hans-Otto-Theater* mit seinem breit gefächerten Spielplan und der eigenwilligen muschelartigen Überdachung von Zuschauer- und Foyerbereich. Das Stadttheater gehört zu Deutschlands modernsten Spielstätten, das Schlosstheater im Neuen Palais dagegen zu den schönsten historischen

Bild: Disko Lindenpark

# AM ABEND

Theatern Europas. Mit dem Nikolai-saal besitzt Potsdam auch eine hervorragende Stätte für Konzerte. Der futuristische Saal kontrastiert zur barocken Fassade des Hauses. Aber nicht nur die Optik, auch die Akustik ist bemerkenswert. Wer für das Waschhaus keine Karten mehr bekommt, der braucht nur um die Ecke zu gehen, trendige Locations gibt es genug, besonders im Holländischen Viertel.

## ■ BARS

### BAROMETER [117 D2]

Kellergewölbe im Hinterhof und 170 verschiedene Cocktails. *So geschl.* | *Gutenbergstr. 103* | *Tel. 270 28 80* | *Straßenbahn 92, 96* | *Bus 609, 692*

**Insider Tipp**

### SEEBLICK [117 E2]

Kein Seeblick, dafür gibt es rund 100 Cocktails und eine große Auswahl an Whiskysorten. *Tgl.* | *Friedrich-Ebert-Str. 30* | *Tel. 280 14 48* |

*www.seeblick-potsdam.de* | *Straßenbahn 92, 96* | *Bus 609, 692*

## ■ DISKOS & LIVEMUSIK ■

### ARTSPEICHER                    [116 C4]
Musik der 1980er-Jahre ebenso wie Hip-Hop mit namhaften DJs. *Tgl. ab 22 Uhr* | *Zeppelinstr. 136* | *Tel. 981 50* | *www.der-art-speicher.de* | *Straßenbahn 91, 94, X98*

### GUTENBERG 100                  [117 E2]
Beliebte Musikkneipe im Holländischen Viertel. *Do–So ab 20 Uhr* | *Kurfürstenstr. 52* | *Tel. 201 19 99* | *www.gutenberg100.de* | *Straßenbahn 92, 96* | *Bus 609, 692*

### LINDENPARK ▶▶                  [119 E3]
Das Livemusik- und Partyzentrum Potsdams schlechthin. *Stahnsdorfer Str. 76–78 (in Babelsberg)* | *Tel. 74 79 70* | *www.lindenpark.de* | *S-Bahn 7* | *Bus 696, 694*

### WASCHHAUS ★ ▶▶                 [118 A2]
Kulturelle Vielfalt und Trendsetting in einer alten Militärwäscherei:

Musik von Rock/Pop, Ethno, Jazz bis Klassik, Film, Literatur, Bildende Kunst, Tanz. *Schiffbauergasse 1* | *Tel. 27 15 60* | *www.waschhaus.de* | *Straßenbahn 93, 94, 99* | *Bus 116*

## ■ KABARETT ■

### KABARETT OBELISK               [117 E3]
Aktuell-politisch-satirische Programme. *Charlottenstr. 31* | *Tel. 29 10 69* | *www.kabarett-potsdam.de* | *Straßenbahn 91, 94, X98*

## ■ KINO ■

### FILMMUSEUM                     [117 E3]
Das museumseigene Kino mit moderner Vorführ- und Tontechnik und bequemen Sesseln im Marstall zeigt Glanzstücke der Weltfilmproduktion ohne Werbung *Tgl. 18/20 Uhr; Do bis So auch 22 Uhr* | *Schlossstr. 1* | *Tel. 27 18 10* | *Straßenbahn 91, 92, 93, 96, 99, X98*

### UCI-KINOWELT POTSDAM           [117 F4]
Acht Kinos unter einem Dach. *Potsdam-Center in den Bahnhofspassagen* | *Tel. 233 72 33* | *www.uci-kinowelt.de* | *Straßenbahn 91, 92, 93, 96, 99, X98*

## ■ KNEIPEN ■

### DIE WASCHBAR ▶▶ 🔊             [116 C3]
Kneipe, Waschsalon, Bar und Kulturort in einem. Geboten werden kleines Theater, Musik und Livebands. *Tgl.* | *Geschwister-Scholl-Str. 82* | *Tel. 967 87 16* | *www.waschbar-pdm.de* | *Straßenbahn 91, 94, X98*

### HOHLE BIRNE                    [117 E2]
Deftige Küche, mehr als 40 Biersorten, viele vom Fass. *Tgl.* | *Mittelstr. 19* | *Tel. 280 07 15* | *www.hohle-birne.de* | *Straßenbahn 92, 96* | *Bus 609, 692*

# >LOW BUDGET

▶ Jeden Donnerstag ab 21.00 Uhr spielt eine Liveband in der Kneipe auf dem *Theaterschiff* [117 E3] – der Eintritt ist frei *(Tel. 280 01 00 | www.theaterschiff-potsdam.de)*.

▶ Dienstags ist Kinotag im *UCI Kinowelt Potsdam* [117 F4]: alle Plätze für 4,50 Euro. Sonntags zahlen bei allen Vorstellungen vor 17 Uhr Erwachsene mit Kindern nur den Kinderpreis *(Babelsberger Str. 10 | Tel. 233 72 33 | www.uci-kinowelt.de)*.

## ■ KONZERTE ■

**NIKOLAISAAL POTSDAM** [117 E3]
Das Konzert- und Veranstaltungshaus der Landeshauptstadt mit vielseitigem und anspruchsvollem Musikprogramm. *Wilhelm-Staab-Str. 10/11 | Tel. 28 88 80 | www.nikolaisaal.de | Straßenbahn 93, 94, 99*

spielt. Weitere Spielstätten: Im wunderschön-barocken und original restaurierten ★ *Schlosstheater* [120 A4] im Neuen Palais beeindruckt auch die historische Rokokokulisse *(Bus X5, 605, 695)*. Die *Reithalle A* widmet sich insbesondere dem Jungen Theater. *Schiffbauergasse 11 | Tel.*

Potsdams neuer Renommierbau: das Hans-Otto-Theater mit einem vielseitigen Spielplan

## ■ THEATER ■

**FABRIK POTSDAM** [118 A2]
Theater für Zeitgenössischen Tanz und moderne Musik. *Schiffbauergasse 1 | Tel. 280 03 14 | www.fabrikpotsdam.de | Straßenbahn 93, 94, 99*

**HANS-OTTO-THEATER** [118 A2]
Im futuristisch anmutenden Theaterneubau am Tiefen See werden klassische und zeitgenössische Stücke ge-

*981 18 | www.hansottotheater.de | Straßenbahn 93, 94, 99*

**THEATERSCHIFF** [117 E3]
Theater, aber auch Kabarett, Musik und Kino auf einem ausgedienten Lastkahn. Mi–Sa ist die Kneipe auf dem Deck geöffnet. *Alte Fahrt (Lange Brücke) | Tel. 280 01 00 | www.theaterschiff-potsdam.de | Straßenbahn 91, 92, 93, 96, 99, X98*

# MARCO POLO HIGHLIGHTS

★ **Waschhaus**
Vielseitiges Programm mit Livemusik und multikulturellen Events (Seite 74)

★ **Schlosstheater**
Eine der schönsten deutschen Spielstätten des Rokoko (Seite 75)

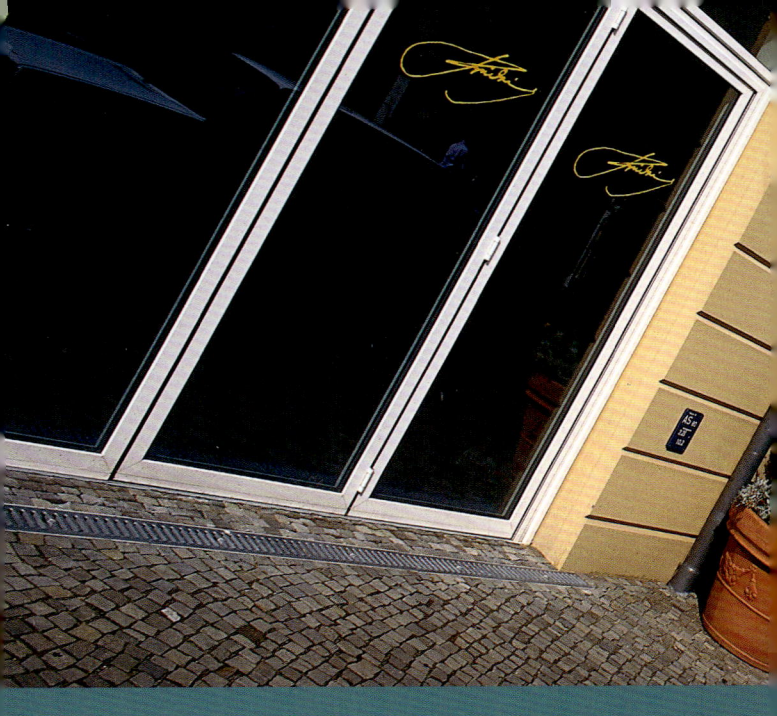

# > PRINZENSUITE ODER SCHLICHTE PENSION

In Potsdam findet jeder ein Bett nach seiner Wunschvorstellung

> **Unter den gegenwärtig etwa 4000 Hotelbetten in Potsdam ist für jeden Preis und für jeden Geschmack etwas zu finden.** So prägen Kunst und Design das art'otel, für das ein Getreidespeicher umgebaut wurde. Wer über das nötige Kleingeld verfügt, kann auch im eleganten Schloss Cecilienhof nächtigen, in dem einst Kronprinz Wilhelm mit seiner Frau wohnte. Die Philosophie des Steigenberger Hotels dagegen: Vergessen Sie Krawatte

und Kragen! Das dortige Ambiente des Amerika der 1930er- und 50er-Jahre soll Ihnen mit dunklem Holz, warmen Grüntönen und Rattansesseln ein lässiges Lebensgefühl vermitteln.

Nicht wenige Postdam-Besucher quartieren sich in einem Haus in der reizvollen Seen- und Waldumgebung ein. Die Hotels und Pensionen dort bieten ebenfalls viel Komfort, sind aber fast immer preiswerter als ein Stadthotel. Wenn Sie hier wohnen,

Bild: Hotel Steigenberger

# ÜBER NACHTEN

können Sie vielfach auf den üblichen Weckruf von der Rezeption verzichten, das Wecken übernehmen zwitschernde Vögel oder krähende Hähne. Wer einmal außerhalb von Potsdam übernachtet hat, kehrt häufig dorthin zurück.

## ■ HOTELS € € € ■

**AM LUISENPLATZ** ★ ▶▶ ☀ [117 D3]
Kleines, feines, privat geführtes Hotel mit 38 elegant eingerichteten Zimmern und Suiten sowie einem auffallend herzlichen Service. *Luisenplatz 5 | Tel. 97 19 00 | Fax 971 90 19 | www.hotel-luisenplatz.de | 91, 94, X98 | Bus X15, 695*

**ART'OTEL POTSDAM** ★ ▶▶ ☀ [116 B5]
Kunst- und Designhotel in einem alten Getreidespeicher, der einen modernen Anbau bekam. Die Innenausstattung stammt vom englischen Stardesigner Jasper Morrison, in den

Designhotel in Getreidespeicher und modernem Anbau: art'otel Potsdam

Zimmern hängen eigens für das Hotel entworfene Werke von Katharina Sieverding: ein Hotelaufenthalt als Kunsterlebnis. *123 Zi. | Zeppelinstr. 136 | Tel. 981 50 | Fax 981 55 55 | www.artotel-potsdam.com | Straßenbahn 91, 94, X98*

### AVENDI HOTEL
### AM GRIEBNITZSEE ▶▶ ☼ [119 F3]

Hell und freundlich, direkt am Griebnitzsee. Ruhig wohnen Sie in den etwas teureren Zimmern zur Seeseite. *88 Zi. | Rudolf-Breitscheid-Str. 190–192 | Tel. 709 10 | Fax 70 91 11 | www.avendi.de | Bus 694, 696 | Straßenbahn 91, 94, X98*

### DORINT SANSSOUCI ☼ [117 D–E1]

Angenehmes Hotel gegenüber der Russischen Kolonie Alexandrowka mit einer 800 m² großen Wellnesslandschaft. *292 Zi. | Jägerallee 20 | Tel. 27 40 | Fax 274 10 00 | www.dorint-hotels.com/potsdam | Bus 692, 695*

### SEMINARIS SEEHOTEL
### POTSDAM ▶▶ ☼ [123 D4]

Angenehmer Neubau in Toplage am Templiner See; Wellnessbereich mit Pool. *225 Zi. | An der Pirschheide | Tel. 909 00 | Fax 909 09 00 | www.seminaris.de | Straßenbahn 91, X98 | Bus 695*

### STEIGENBERGER HOTEL
### SANSSOUCI ☼ [117 D2]

Im angloamerikanischen Flair der 1930er- bis 50er-Jahre. In den Zimmern erinnern Fotos an die große Zeit des Kinos, jedoch nicht an Hollywood, sondern an die Ufa- und Defa-Zeiten. *137 Zi., teils mit Terrasse | Allee nach Sanssouci 1 | Tel. 909 10 | Fax 909 19 09 | www.potsdam.steigenberger.de | Straßenbahn 91, 94, X98 | Bus 695, X15*

### ■ HOTELS € €
### ALTSTADT-HOTEL
### POTSDAM ▶▶ ☼ [117 E2]

Kleines Haus im Herzen der Altstadt mit 29 freundlich eingerichteten

Zimmern und dem Restaurant *Klosterkeller. Dortustr. 9–10 | Tel. 28 49 90 | Fax 284 99 30 | www.alt stadt-hotel-potsdam.de | Straßenbahn 91, 94, X98*

## ASCOT BRISTOL [123 E4]

Moderne, großzügig geschnittene Zimmer mit wohnlicher Atmosphäre. Das erste völlig barrierefreie Apartment- und Tagungshotel im Bundesland Brandenburg. *94 Zi. | Asta-Nielsen-Str. 2 | Tel. 669 10 | Fax 669 12 00 | www.ascot-bristol.de | Straßenbahn 92, 96, 99, X98 | Bus 693*

## BEST WESTERN PARKHOTEL
## POTSDAM [116 A4]

Direkt am Schlosspark Sanssouci, nur 10 Minuten Fußweg zum Neuen Palais. Modern und ruhig. *91 Zi. | Forststr. 80 | Tel. 981 20 | Fax 981 21 00 | www.parkhotel-potsdam.de | Bus 695*

## HOTEL AMBASSADOR [119 D3]

Familiär geführtes Haus mit Sauna/Solarium. *14 Zi. | Lessingstr. 35 | Tel. 74 79 80 | Fax 747 98 18 | www.hotel-ambassador-babelsberg.de | Straßenbahn 94, 99 | Bus 694*

## >LOW BUDGET

> Günstig und individuell sind Privatzimmer oder eine Ferienwohnung, zu buchen über die *Potsdam-Information (Brandenburger Str. 3 | 14476 Potsdam | Tel. 27 55 80 | Fax 275 58 29).*

> Drei Übernachtungen, aber nur zwei bezahlen: 20 Hotels schenken Ihnen mit dem Arrangement *Potsdam à la Card* zu vielen Zeiten übers Jahr an den Wochenenden eine Zusatznacht. Dazugelegt wird die *Potsdam-Card (Tel. 0331/27 55 80 | www.potsdamtourismus.de).*

> Rund 10 Potsdamer Hotels, alle mindestens im Drei-Sterne-Standard, beteiligen sich an der Aktion *Winter-Special* und bieten Doppelzimmer mit Frühstück für 59 Euro an. Außerhalb dieses Aktionszeitraumes sind diese nicht unter 75 Euro zu haben. *wwww.potsdamtourismus.de*

## INSELHOTEL
## HERMANNSWERDER [116 C5] Insider Tipp

Privat geführtes Haus in idyllischer, ruhiger Lage auf einer Halbinsel im Templiner See mit Hallenbad, Sauna,

# MARCO POLO HIGHLIGHTS

⭐ **Am Luisenplatz**
Elegantes Hotel mit Wohlfühlzimmern und einem herzlichen Service
(Seite 77)

⭐ **art'otel Potsdam**
Über Kunst lässt sich gern streiten – wie in diesem Hotel am Ufer der Havel (Seite 77)

⭐ **Schiffspension Luise**
Auf dem Wasser des Tiefen Sees die Nacht verbringen
(Seite 81)

⭐ **Schlossgarten Hotel**
Kleines, neues Hotel garni am Park von Sanssouci
(Seite 81)

# HOTELS €€

Solarium und Fahrradverleih. *88 Zi. | Hermannswerder 30 | Tel. 232 00 | Fax 232 01 00 | www.inselhotel-pots dam.de | Bus 693*

### DAS KLEINE APARTMENTHOTEL [117 E2]

*Insider Tipp* Wohnen im Holländischen Viertel. Zehn Appartments mit einer Größe von 26 bis 78 m² samt Küche. Ein kleiner Innenhof lädt ein zum Sitzen, Lesen, Plaudern. *Kurfürstenstr. 15 | Tel. 27 91 10 | Fax 27 91 11 | www. hollaenderhaus.de | Straßenbahn 92, 96 | Bus 609, 692*

### MARK BRANDENBURG [118 B6]

17 Zimmer mit solider Einrichtung. Frühstück gibt es im lichtdurchfluteten Wintergarten. *Heinrich-Mann-Allee 71 | Tel. 88 82 30 | Fax 888 23 44 | Straßenbahn 91, 92, 93, 96, 99, X98*

### MERCURE POTSDAM [117 F3]

Nach umfangreicher Renovierung erstrahlen alle 210 Zimmer in den 17 Stockwerken in neuem Glanz. Zu Füßen des Mittelklassehotels liegen Lustgarten und der Hafen der Weißen Flotte. *Lange Brücke | Tel. 27 22 | Fax 29 34 96 | www.mercure.com | Straßenbahn 91, 92, 93, 96, 99, X98 |*

### NH VOLTAIRE POTSDAM [117 E2]

Hotel mit gehobenem Standard in Innenstadtlage; kleiner Wellnessbereich mit Sauna und Whirlpool unter dem Dach. *143 Zi. | Friedrich-Ebert-Str. 88 | Tel. 231 70 | Fax 231 71 00 | www.nh-hotels.com | Straßenbahn 92, 96 | Bus 609, 695*

# > LUXUSHOTELS

## Exquisites Wohnen und Übernachten

### AM JÄGERTOR [117 D2]

Ein Mix aus historischem Ambiente und modernem Komfort. Das zentrale, top restaurierte Hotel in einem Gründerzeithaus bietet jeden erdenklichen Komfort und Service. Sehr Geräuschempfindliche sollten Zimmer zum Innenhof erbitten. *62 Zi. und Suiten | DZ/F ab 139 Euro | Hegelallee 11 | Tel. 201 11 00 | Fax 201 13 33, www.travelcharme.com/hotels/jaegertor.html | Bus 692, 695*

### BAYRISCHES HAUS [122 C4]

Das erste Hotel in Brandenburg, das von Relais & Châteaux – der Vereinigung der schönsten Hotels der Welt – aufgenommen wurde. Das 5-Sterne-Haus fernab von Verkehrslärm ist eine wahre Oase im Grünen und doch in unmittelbarer Stadtnähe. *31 Zi. | DZ ab 150 Euro | Im Wildpark 1 | Tel. 550 50 | Fax 550 55 60 | www.bayrisches-haus.de | Bus 631*

### RELEXA SCHLOSSHOTEL CECILIENHOF [113 F4]

Die Lage ist einfach herrlich, der Blick phantastisch: Wie einst das Kronprinzenpaar Wilhelm und Cecilie können Sie aus den individuell eingerichteten Zimmern den Park oder den gärtnerisch gestalteten Innenhof des denkmalgeschützten Ensembles bewundern. *41 Zi. und Suiten | DZ ab 155 Euro | im Neuen Garten | Tel. 370 50 | Fax 29 24 98 | www.relexa-hotel.de | Bus 692*

# ÜBERNACHTEN

### SCHIFFSPENSION LUISE ⭐ [114 B6]

Ein alter Transportkahn wurde in die schmucke Schiffspension verwandelt, die am Ufer des Tiefen Sees vertäut liegt. Der Komfort der fünf Kajüten ist unterschiedlich, Frühstück wird serviert. *Berliner Str. 58 (Pension Am Tiefen See) | Tel. 24 02 22 | Fax 24 02 24 | www.schiffspension.de | Straßenbahn 93 | Bus 316*

### SCHLOSSGARTEN
### HOTEL ⭐ 🌿 🔊 [116 A4]

Vis-a-vis vom Park Sanssouci steht das kleine Hotel garni mit 17 netten Zimmern. *Geschwister-Scholl-Str. 41a | Tel. 97 17 00 | Fax 97 17 04 04 | www.schlossgartenhotel-garni.de | Bus 695*

## ◼ HOTELS € ◼

### ANNO 1900 HOTEL BABELSBERG [119 D4]

Kleines Hotel in einer ruhigen Nebenstraße in einer Villengegend. *22 Zi. | Stahnsdorfer Str. 68 | Tel. 74 90 10 | Fax 70 76 68 | www.anno-1900-hotel-babelsberg.de | S-Bahn S7*

### APART-PENSION
### BABELSBERG 🌿 [119 E2]

Ein persönlich geführtes Haus, das mitten in der schönen Villenkolonie Neu-Babelsberg liegt. Mit Schwimmbad. *18 Zi. | August-Bier-Str. 9 | Tel. 74 75 70 | Fax 747 57 66 | www.apartpension.de | Bus 694*

### FILMHOTEL LILI MARLEEN 🌿 [119 D4]

Das nostalgische Ambiente versetzt Sie in die Atmosphäre der nahe gelegenen Filmstadt Babelsberg. *65 Zi. | Großbeerenstr. 75 | Tel. 74 32 00 | Fax 743 20 18 | www.filmhotel.potsdam.de | Bus 601, 690*

### GARNI HOTEL KRANICH [112 C3]

Kleines Familienhotel in ruhiger, abseitiger Lage beim Volkspark Potsdam. *19 Zi. | Kirschallee 57 | Tel. 505 36 92 | Fax 505 36 94 | www.hotel-kranich.de | Straßenbahn 92*

Schiffspension Luise – ein umgebauter Kahn, der früher Kohle transportierte

### PENSION AUF DEM KIEWITT [116 C4]

Kleine Pension in einem Gründerzeithaus in einer ruhigen Nebenstraße. *14 Zi. | Auf dem Kiewitt 8 | Tel. 90 36 78 | Fax 967 87 55 | www.potsdam-pension-kiewitt.de | Straßenbahn 91, 92, 94, X98*

## ◼ JUGENDHERBERGE ◼

### JUGENDHERBERGE POTSDAM/
### HAUS DER JUGEND [118 C4]

Als letzte Landeshauptstadt hat Potsdam nun auch eine Jugendherberge. <mark>Alle 44 Zimmer haben – bei Jugendherbergen selten – Dusche und WC.</mark>  *152 Betten | Schulstr. 9 | Tel. 581 31 00 | Fax 581 31 11 | www.jh-potsdam.de | S-Bahn S7*

# > SCHLÖSSER, WÄLDER UND HAVELSEEN

Die meisten Ausflugsziele sind in den Sommermonaten mit dem Schiff erreichbar

> **In Potsdams Umgebung riecht es nach Wasser und Schilf. Seen umkränzen die Stadt, zwischen denen sich Wälder und Wiesen erstrecken.**
Vom Potsdamer Brauhausberg bis hinter Ferch am Südufer des Schwielowsees zieht sich ein Höhenzug entlang, der hier und dort herrliche Blicke über das Havelland ermöglicht. Besonders schön ist die Aussicht von der sogenannten Großen Neugierde im heutigen Volkspark Klein-Glienicke.

Die meisten Ausflugsziele sind per Schiff zu erreichen, die dort halten, wo es etwas zu sehen gibt: Parks und Schlösser, Backsteinkirchen, Obstplantagen oder auch nur Wiesen und Wälder. Es gibt wenige Großstädte, die in unmittelbarer Nähe mit so abwechslungsreicher Natur aufwarten können. Das Havelseengebiet übt auf die großstadtgestressten Berliner und Potsdamer eine magische Anziehungskraft aus. Im engeren Sinn sind

Bild: Glienicker Brücke

# POTSDAMS UMGEBUNG

es gar keine Seen, es sind Weitungen der Havel, die der „märkischen Streusandbüchse" zu ihrem Reiz verhelfen. Außerhalb der Dörfer, in den Wälder oder entlang der Seeufer, gibt es noch viele stille Ecken, in denen Angler sitzen und Wanderer dem Vogelgezwitscher lauschen. Das Potsdamer Havelseengebiet lohnt auch einen längeren Aufenthalt – in diesem Falle dann mit Ausflügen nach Potsdam.

## BERLINER PARKLANDSCHAFT

**Das Potsdamer Park- und Schloss-Ensemble wurde im 18. und 19. Jh. ohne Rücksicht auf regionale Grenzen angelegt.** Als sich 1920 Berlin vom Land Brandenburg trennte, nahm es die Pfaueninsel, den Schlosspark Klein-

# BERLINER PARKLANDSCHAFT

Glienicke und Nikolskoe mit. Am Gesamtkunstwerk änderte sich dadurch nichts, das blieb erhalten – bis zum Bau der Mauer rings um Berlin 1961.

Der Berliner Teil des Park- und Schloss-Ensembles gehörte von da

**Romantische Ruinenarchitektur: Schloss Pfaueninsel**

an zum Westen, der Potsdamer Teil mit dem Park Sanssouci, dem Neuen Garten und dem Park Babelsberg zum Osten. Seit dem Fall der Mauer verbindet die Glienicker Brücke

wieder wie einst das bau- und kulturgeschichtliche Gesamtkunstwerk.

**BERLIN TOURIST-INFORMATION**
*Europa Center | 10787 Berlin | Tel. 030/25 00 25 | Fax 25 00 24 24 | www.berlin-tourist-information.de.*

## ■ NIKOLSKOE ■

[115 E3] 1984 brannte das russische Blockhaus auf der von Peter Joseph Lenné gestalteten Erhebung ab, ein Jahr später war es originalgetreu wieder aufgebaut. Der vor mehr als 150 Jahren von den Bauleuten aufgestellte Rekord konnte aber nicht gebrochen werden, die hatten das Holzhaus in nur sechs Wochen errichtet. Friedrich Wilhelm III. hatte zur Eile getrieben, denn er wollte seine Tochter, Gemahlin des russischen Thronfolgers Nikolaus Pawlowitsch, bei einem Potsdam-Besuch damit überrasche und nannte diesen Teil der Havellandschaft *Nikolskoe* („gehört Nikolaus").

Als seine Tochter Russlands Zarin geworden war, wünschte sie sich an dieser einsamen Stelle Glockengeläut. Ihr Wunsch war dem Vater Befehl, der von Friedrich August Stüler im russischen Stil die *Peter-Pauls-Kirche* erbauen ließ. Vom Johannistag (24. Juni) bis Michaelistag (29. September) lassen 28 Bronzeglocken zwischen 10 und 21 Uhr zu jeder vollen Stunde die Melodie „Üb' immer Treu' und Redlichkeit" erklingen. *Nikolskoer Weg*

## ■ PFAUENINSEL ■

[115 E-F 1–2] ★ Der Liebschaft Friedrich Wilhelms II. mit der Gräfin Lichtenau haben wir das zweitür-

# POTSDAMS UMGEBUNG

mige *Lustschlösschen* von 1795 zu verdanken. Schneeweiß steht es als künstliche Ruine da, mancher glaubte schon, eine Filmkulisse vor sich zu haben. Die Brücke zwischen den Türmen entstand 1807 als frühes Erzeugnis der berühmten Berliner Eisengießerei *(Führungen April–Okt. Di–So 10–18 Uhr | Tel. 030/ 80 58 68 30).*

Die Natur auf der schönsten Havelinsel (1,5 km lang, 500 m breit) wurde von Peter Joseph Lenné gestaltet. Theodor Fontane notierte nach seinem Besuch 1873: „Schlängelpfade, die überall hinführen und nirgends; ein rätselhaftes Eiland." Aus den Schlängelpfaden wurden mittlerweile ordentliche Wege. Der Rundgang führt am *Kavalierhaus* von Karl Friedrich Schinkel vorbei zum *Königin-Luise-Tempel*, den Friedrich Wilhelm III. zum Gedenken an seine Gattin errichten ließ.

Weiter am Nordende liegt – wie das Schloss im romantischen Ruinenstil erbaut – die alte *Meierei* mit einem schön ausgeschmückten Saal im Obergeschoss *(Nov.–März Sa/So 11–15 Uhr).* Das *Schweizerhaus* an der Südspitze ist ebenfalls ein Werk Schinkels. *Nur erreichbar mit der das ganze Jahr über tgl. verkehrenden Fähre*

## VOLKSPARK KLEIN-GLIENICKE

[114–115 C–E 4–5] Lenné schuf den 1,16 km² großen Glienicker Schlosspark, der 1934 an die Stadt Berlin verkauft wurde und den Namen Volkspark Klein-Glienicke bekam. „Gewiß ist der Glienicker Park einer der schönsten Deutschlands. Es ist unglaublich, was die Kunst aus diesem dürren Boden zu machen gewusst hat", schrieb Helmuth von Moltke 1841.

Das *Schloss Glienicke* baute Schinkel in klassizistischer Form als Sommersitz für den damals 25-jährigen Prinz Carl von Preußen. Die Wohnräume des Prinzen und seiner Gemahlin, Prinzessin Marie von Sachsen-Weimar, befinden sich im Obergeschoss *(Mitte Mai–Mitte Okt. Sa/So 10–17 Uhr).*

Im Park wandern Sie am besten vom *Hofgärtner-* und *Maschinenhaus* zur Schlucht mit der *Teufelsbrücke* und dem *Matrosenhaus*. In dem säulengetragenen *Pavillon* nahe der Glienicker Brücke, den Schinkel dem Lysikrates-Denkmal in Athen nachbildete hatte, saß Prinz Carl von Preußen mit seinen Gästen und beobachtete den Kutschverkehr auf der vorbeiführenden Chaussee nach Potsdam, der ersten Kunststraße

# MARCO POLO HIGHLIGHTS

★ **Pfaueninsel**
Ein romantisches Lustschloss im Ruinenstil (Seite 84)

★ **Caputh**
Wo August der Starke, Charlie Chaplin und Albert Einstein weilten (Seite 86)

★ **Sacrower Halbinsel**
Malerisch liegt die Heilandskirche am Ufer des Jungfernsees (Seite 90)

★ **Werder**
Altstadt auf einer Havelinsel (Seite 90)

Preußens, um 1795 erbaut. Prinz Carl selbst taufte den Pavillons: die *Große Neugierde*. Von hier kamen zur Zeit des Kalten Krieges die Fernsehbilder vom Agentenaustausch zwischen West und Ost.

# POTSDAMER HAVELSEEN-GEBIET

❀ **Die Havel erweitert sich um Potsdam mehrfach zu Seen, an deren Ufern sich ein Feriengebiet mit reizvollen Dörfern erstreckt.** Die herrlichsten Landschaftsbilder bieten sich bei einer Tour vom Wasser aus. Caputh, Ferch, Werder und Petzow können Sie in den Sommermonaten täglich per Schiff erreichen.

### FREMDENVERKEHRSVEREIN SCHWIELOWSEE

*Straße der Einheit 3 | 14548 Caputh | Tel. 033209/708 99 | Fax 708 98 | fvv@schwielowsee.de | www.schwielowsee-tourismus.de*

### TOURISMUSBÜRO WERDER

*Kirchstr. 6/7 | 14542 Werder (Havel) | Tel. 03327/78 33 74 | Fax 78 33 22 | tourismus@werder-havel.de | www.werder-havel.de*

## ■ CAPUTH ■

[122 C4–5] ⭐ Aus dem Wechsel von Wald und Wasser wuchs Caputh (3800 Ew.) zu einem lieblichen märkischen Ferienidyll 6 km von Potsdam entfernt. Lang gestreckt zieht sich der Ort am Ufer des Templiner- und Schwielowsees hin. Die Berge ähneln teilweise einer Mittelgebirgslandschaft. Am *Gemünde*, wie die schmale Stelle zwischen Templiner See und Schwielowsee heißt, setzt seit 1853 eine heute Fußgänger und Autos befördernde, <mark>kettenbetriebene</mark>  <mark>Seilfähre</mark> über.

Das *Schloss Caputh* kann seit 1999 nach aufwendiger Restaurierung erstmals in seiner Geschichte

# ❯ GLIENICKER BRÜCKE
### *Wo die Geheimdienste Agenten austauschten*

Berühmt wurde die Glienicker Brücke [114 C5] als Spionageübergang zwischen Ost und West. In der Zeit des Kalten Krieges schritten rund 150 Agenten und Dissidenten über sie. 1962 tauschte man beispielsweise hier den einige Jahre zuvor über der Sowjetunion abgeschossenen Hauptmann der US-Luftwaffe Francis Gary Powers, der für die CIA geflogen war, gegen den in den USA verurteilten Ostspion Oberst Rudolf Abel aus. Die geopolitische Lage der Brücke war einzigartig: Der westliche Brückenteil gehörte zum „Osten" (DDR-Bezirk Potsdam), der östliche zum „Westen" (Westberlin). Spätestens mit dem Mauerbau 1961 wurde ihr Name *Brücke der Einheit* zum Hohn, denn von nun an durften sie nur noch Alliierte überschreiten. Erst am 10. November 1989 war die Glienicker Brücke seit Jahrzehnten erstmals wieder für alle Bürger frei passierbar. *Straßenbahn 93 | Bus 116*

# POTSDAMS UMGEBUNG

vollständig besichtigt werden. Die Hauptattraktion bildet der Speisesaal mit 7000 blau-weißen holländischen Fayencefliesen *(Mai–Okt. Di–So 10 bis 18 Uhr | Nov.–April nur mit Führung Sa/So 10–17 Uhr).* Den barocken Garten gestaltete Peter Joseph Lenné in der Zeit nach 1820 in einen einem Holzhaus in Caputh am Waldrand. *Einsteins Sommerhaus* ist heute seine einzige erhaltene Wohnung in Deutschland *(Am Waldrand 15–17 | Führungen April–Okt. Sa/So 10–18 Uhr nur nach Voranmeldung | Tel. 0331/27 17 80 Mo–Fr 9–17 Uhr | www.sommeridyll-caputh.de).*

Einsteins Sommerhaus – der Physiker lebte vor seiner Emigration in die USA hier in Caputh

Landschaftsgarten um. Die *Dorfkirche* entstand nach Plänen von Friedrich August Stüler als neuromanische Pfeilerbasilika mit einem gesonderten Glockenturm.

In Caputh weilten auch Charlie Chaplin und Heinrich Mann, die hier Albert Einstein besuchten, den Begründer der Relativitätstheorie und Nobelpreisträger für Physik 1921. Von 1929 bis 1933 wohnte der bedeutendste Physiker des 20. Jhs. in

## ÜBERNACHTEN & ESSEN

Das *Kavalierhaus* im Schlosspark Caputh bietet fünf Zimmern und die Hochzeitssuite, alle individuell ausgestattet. Das ☆ Restaurant ist ein Ort zum Genießen, nicht nur wegen der Gastronomie, sondern auch wegen des Blicks zum Templiner See *(Lindenstr. 60 | Tel. 033209/846 30 | Fax 846 41 | www.kavalierhaus-caputh.de | Ruhetage Restaurant tel. erfragen | €€).*

**Insider Tipp**

## FERCH

[122 C5] Im Gegensatz zu heute war das 10 km südlich von Potsdam gelegene Dorf vor 100 Jahren keinen Besuch wert. So schrieb der Maler Karl Hagemeister (von Max Liebermann als der „Entdecker der märkischen Landschaft" bezeichnet) über Ferch: „Das Dorf war weltabgeschieden, unbekannt und wegen der Armut seiner Bewohner in verwahrlostem Zustand, die Häuser mit Rohr gedeckt, vielfach zerfallen und wegen des sehr hügeligen Terrains viel zusammengepfercht. Die Dorfstraße war winklig und Backöfen, halbkugelige von Lehm, lagen unter blühenden Obstbäumen."

Heute bietet das Dorf Ferch (1100 Ew.) am Südende des Schwielowsees Ruhe und Entspannung. Die letzten mit Rohr gedeckten Fischerhäuser sind in gepflegtem Zustand, die Obstbäume blühen noch, die Backöfen sind jedoch – bis auf einen wieder errichteten – verschwunden. Die alte Dorfkirche aus Fachwerk besitzt eine mit Wolken bemalte Holzdecke. Zu einem kleinen Idyll wurde der **Japanische Bonsaigarten** *Insi Tip* *(Fercher Str. 61 | April–Okt. Di–So 10–18 Uhr | www.bonsai-haus.de).*

Die **Fercher Obstkistenbühne**, ein *Insi Tip* Kleinkunsttheater in der *Dorfstraße 3a*, lädt von April bis September zu Folklore, klassischer Musik, Jazz, Liedern und Literatur ein *(Programminformationen unter Tel. 033209/714 40 | www.fercherobst kistenbuehne.de).*

## GLINDOW

[122 B4] Aus Glindower Ziegel, so meinen zumindest die Glindower, sei halb Berlin erbaut. Ende des 19. Jhs. rauchten in diesem 7 km von Potsdam entfernten Dorf (3200 Ew.) mehr als 50 Schornsteine. Millionen rötlich-gelber Steine wurden hier in den Ziegeleien gefertigt. Noch heute

Resort Schwielowsee: eine luxuriöse, weitläufige Anlage mit hoteleigener Marina

# POTSDAMS UMGEBUNG

entstehen in Glindow Ziegel, ausgedient hat jedoch der achteckige Aufseherturm von 1890. Er wurde zum *Märkischen Ziegeleimuseum (März bis Okt. Mi/Sa und So 10–16 Uhr | Alpenstr. 47 | www.ziegeleimuseum-glindow.de).* Die neugotische Backsteinkirche stammt von Friedrich August Stüler.

## ■ PARETZ

[122 B2] Das 23 km nordwestlich von Potsdam gelegene Dorf (400 Ew.) wurde zur Pilgerstätte der großen Luise-Fangemeinde. Denn hier verbrachte die legendäre Königin mit ihrem Gemahl Friedrich Wilhelm III. ihre glücklichste Zeit. Seit 2001 sind im *Schloss* als kunsthistorische Kostbarkeiten aufwendig restaurierte gedruckte und gemalte Papiertapeten aus der Zeit um 1800 sowie Möbel und Grafiken zu sehen. In der Remise stehen Kutschen, Schlitten und Sänften des preußischen Königshauses. Erstmalig seit 1942 wird die Kinderkutsche des Kurprinzen Friedrich Wilhelm aus der Zeit um 1690 gezeigt, ==der kleine Prunkwagen gilt als der älteste erhaltene seiner Art== in Europa. *(Mitte Mai–Mitte Sept. Di bis So 10–17 Uhr).*

Am Rande des Parks fällt die ockerfarbene *Kirche* mit gotischem Dekor auf. Gilly baute vor 200 Jahren eine Loge für den König an. In ihr befindet sich eine 1811 aus Ton gebrannte Gedenktafel für Königin Luise, die ein Jahr zuvor im Alter von nur 34 Jahren verstorben war. Schöpfer der Tafel ist Gottfried Schadow, berühmt geworden durch die Quadriga auf dem Brandenburger Tor in Berlin. Sollte die Kirchentür verschlossen sein: links um die Kirche ==vom Fenster der Königsloge aus ist das Tonrelief zu sehen.==

## ■ PETZOW

[122 C4–5] 10 km südwestlich von Potsdam liegt das Dorf Petzow, seit 1929 Ortsteil von Werder. Es gehört zu den gut erhaltenen ländlichen Ensembles des 19. Jhs. in der Mark Brandenburg. Nach Plänen Schinkels entstanden um 1825 das in einem Mix von maurischem Kastell- und englischem Tudorstil errichtete *Schloss* (wird derzeit zum Hotel umgebaut), die Parkmauer und das spitzbogige Eingangstor. Der terrassenförmig zum Schwielowsee angelegte Park stammt von Lenné, der geschickt eine Bucht des Schwielowsees in die Gestaltung einbezog.

Die *Kirche* auf dem Grelleberg wurde ebenfalls nach einem Entwurf Schinkels erbaut. Eine Bogenhalle verbindet den frei stehenden Westturm mit dem Kirchenschiff. Die Turmuhr ist Attrappe, sie dient nur als Schmuck. Vom ☀ Turm haben Sie einen sehr schönen Blick auf die Havellandschaft.

### ÜBERNACHTEN & ESSEN

*Resort Schwielowsee* ist eine Anlage mit luxuriösen Seeresidenzen, 1200 m² großem Wellnessbereich, ==Pavillons für traditionelle chinesische Medizin== und den Restaurants „Ernest" und „Seapoint". Hier werden – wie der renommierte „Große Restaurant & Hotel Guide" schwärmt – auch die anspruchsvollsten Gäste voll zufriedengestellt *(Am Schwielowsee 117 | Tel. 03327/569 60 | Fax 569 69 99 | www.resort-schwielowsee.de | €€€).*

**EINKAUFEN**

*Frucht-Erlebnis-Garten,* über 50 Produkte aus Sanddorn, köstlich ist der Sanddornlikör *(tgl. | Fercher Str. 60 | Tel. 03327/469 10 | www.sando kan.de).*

*Insider Tipp*

## ■ SACROWER HALBINSEL ■

**[114–115 C–E 1–3]** ★ Wie ein im Hafen liegendes Schiff sollte die *Heilandskirche* wirken, die Ludwig Persius 1841–44 zu zwei Dritteln ins Havelwasser gebaut hat. Der im mittelalterlich-italienischen Stil errichtete Bau gilt als Vorstudie für die Friedenskirche in Sanssouci. Friedrich Wilhelm IV. kam im Sommer sonntags von Potsdam aus mit einem Boot zum Gottesdienst. Nach dem Bau der Berliner Mauer fand am Heiligabend 1961 der letzte Gottesdienst statt.

## >LOW BUDGET

> Jeden Mittwoch 19 Uhr finden in der *Braumanufaktur Forsthaus Templin,* die naturbelassene, unfiltrierte Biere braut, kostenlose Brauereiführungen ohne Voranmeldung statt *(Tel. 033209/21 79 79 | www.braumanu faktur.de).*

> Nur 5 Euro kostet der *Familienpass Brandenburg.* Über 300 Anbieter aus den Bereichen Freizeit, Sport, Kultur, darunter viele auch in Potsdam und Umgebung, gewähren Rabatte von mindestens 20 Prozent oder Freikarten für Kindern. Der Familienpass gilt ein Jahr für mindestens einen Erwachsenen und ein Kind bis zum vollendeten 18. Lebensjahr *(www. familienpass-brandenburg.de).*

Da die Kirche im deutsch-deutschen Todesstreifen lag, durfte sie von den Gemeindemitgliedern nicht mehr betreten werden. Nach umfangreicher Restaurierung zeigt sich die Kirche nun wieder in herrlicher Pracht *(Gottesdienste ganzjährig jeden 2. und 4. So im Monat 15 Uhr | www.heilandskirche-sacrow.de).*

*Insi Tip*

Das nahe *Schloss* (1773) hatte viele Besitzer, einer war König Friedrich Wilhelm IV., der es 1840 erwarb. 1938 wählte der preußische Generalforstmeister das klassizistische Bauwerk zum Wohnsitz und ließ im Inneren erhebliche Umbauten vornehmen. Den Rest bekam das Schloss zu DDR-Zeiten, als es Ausbildungsstätte der Zollverwaltung wurde. In den Sommermonaten finden in ihm Ausstellungen zeitgenössischer Kunst statt.

Der von Lenné gestaltete Park, die letzte große Schöpfung des Gartenkünstlers, war völlig verwildert, denn hier hatte man Zwinger für Zollspürhunde und Anlagen für praktische Übungen des Zollnachwuchses aufgestellt. 2001 bekam der Park sein historisches Aussehen zurück.

Sie erreichen die Halbinsel am besten mit der Fähre, die von der Matrosenstation westlich der Glienicker Brücke startet.

## ■ WERDER ■

**[122 B–C4]** ★ „Vom Wasser umflossenes Land" bedeutet der aus dem Slawischen stammende Name. Der älteste Teil von Werder (10 700 Ew., 12 km südwestlich von Potsdam), in dem vieles von der Atmosphäre der einstigen Fischersiedlung erhalten blieb, wird völlig von Wasser um-

Werder, von Seen umgeben, ist ein beliebtes Ziel für Wanderer, Radfahrer und Wassersportler

geben. Wer sich dieser Havelinsel von Land aus nähert, sieht als erstes den Turm der neugotischen *Heilig-geistkirche* mit ihrem fünfspitzigen Turm.

Die benachbarte *Windmühle* gibt es erst seit 1992. Einst drehten sich in Werder fünf Windmühlen, die letzte brannte 1973 ab – die Stadt hatte damit eines ihrer Wahrzeichen verloren. Im 100 km entfernten Klossa kaufte man daher eine historische Mühle und setzte sie nach Werder um *(April–Mitte Okt. Mi 11–16, Sa/So 13–17 Uhr)*.

Über die Stadtgeschichte und vor allem den Obstanbau informiert das *Obstbaumuseum (Kirchstr. 6/7 | im Haus des Tourismusbüros | April bis Mitte Okt. Mi 11–16, Sa/So 13–17 Uhr)*. Interessant für Technikfans ist das *Zweiradmuseum*. Zu sehen sind rund 100 historische Fahrzeuge, darunter das fast 120 Jahre alte Hoch-

rad von Nic Kaufmann, einem seinerzeit weltberühmten Hochrad-künstler *(Mielestr. 2 | Mi/Do/Sa und So 10–17, Nov.–März So 10–16 Uhr | www.oldtimermuseum-werder.de)*.

Im Frühjahr liegt der Duft blühender Obstbäume über Werder, denn der traditionelle Obstanbau hat bis heute Bedeutung. Höhepunkt der Festlichkeiten ist deshalb seit 1879 das *Baumblütenfest* im Mai.

### ÜBERNACHTEN

Das *Hotel zur Insel* ist ein modernisiertes Haus in der historischen Altstadt *(44 Zi. | Am Markt 6 | Tel. 03327/661 60 | Fax 66 16 66 | www.hotel-zur-insel.de | €€)*.

### ESSEN & TRINKEN

*Arielle:* Hier gibt's Fisch geräuchert, gedünstet, gebraten *(Mo geschl. | Fischerstr. 33 | Tel. 03327/456 41 | www.fischrestaurant-arielle.de)*.

# KOBOLDE UND NIXEN

## Tolle Erlebnisse in Park und Schloss sowie in Janoschs Traumland

Was ist los? Langeweile für die Kids muss nicht sein. Auf welchen Spielplatz soll ich gehen, wo findet etwas Tolles statt, wo gibt es Superideen und Orte für die Freizeitgestaltung in Potsdam und Umgebung? Unter der Internetadresse *www.hastnplan.de* finden Kinder und ihre Eltern immer etwas Passendes und können auch selbst gute Vorschläge beisteuern.

**Insider Tipp**

### MIT DEM DRACHEN DURCHS SCHLOSS

Der Drache im goldenen Kostüm erzählt den Kindern Interessantes aus dem Leben von Preußenkönig Friedrich II. und von rauschenden Festen, die die kaiserliche Familie im Neuen Palais veranstaltete. Bei einer anderen Führung, die durch den Park Sanssouci führt, geht es um Wasser, Nixen und Fontänen. Die spielerischen Rundgänge sollen den Kleinen zwischen sechs und zehn Jahren die Geschichte der Schlösser und Parks näher bringen. Die einstündigen Veranstaltungen, zu denen auch Eltern willkommen sind, finden sonntags statt.

*Termine unter Tel. 969 42 02 | Eintritt Familienkarte 20 Euro (für den ganzen Monat für alle Schlösser gültig), Erwachsene 8 Euro, Kinder 6 Euro | www. spsg.de*

### TOBEN BIS ZUM UMFALLEN [113 D3–4]

Im Volkspark Potsdam, dem ehemaligen Gelände der Bundesgartenschau, darf man mit seinen Kindern nach Herzenslust herumtollen. Ein 4 km langer Rundweg lädt zum Skaten und Radfahren ein, es gibt eine Trampolinanlage, ein Beach-Volleyballfeld und eine Kletterwand. Im Gegensatz zu den vielen denkmalgeschützten Parkanlagen darf der Rasen hier betreten werden. *Tgl. 5–23 Uhr | Eintritt 1 Euro, Kinder 0,50 Euro | www.volkspark-potsdam.de*

### ANFASSEN UND MITMACHEN UNBEDINGT ERWÜNSCHT [119 E5]

Ganz viel Spaß, aber auch Mühe macht es, auf dem Energiefahrrad zu strampeln und dabei ein Tässchen Wasser zum Kochen zu bringen. Wie funktio-

# > MIT KINDERN UNTERWEGS

niert eine Orgelpfeife oder wie kann der eigene Schatten an der Wand eingefroren werden? Auf diese und viele andere Fragen gibt es eine Antwort im *Exploratorium,* einer interaktiven Mitmachwelt für Kinder. Auf 1500 m² Ausstellungsfläche erleben sie spielerisch die unterschiedlichen naturwissenschaftlichen Themengebiete wie Physik, Chemie, Biologie und Mathematik. *Di–So 8.30–18, Sa/So 10–18 und in den Ferien in Brandenburg Di–So 10–18 Uhr | Wetzlarer Str. 46 | Tel. 877 36 28 | Eintritt 6,40, Kinder 4,80 Euro | www. exploratorium-potsdam.de*

## AUF KLEINEN FÜSSEN...

Unter diesem Motto bietet die *Tourist-Information Potsdam* verschiedene Stadtrundfahrten und Rundgänge für Kinder von 7 bis 12 Jahren an. *Von Russischbrot und Rübenziehen* führt beispielsweise durch die Russische Kolonie Alexandrowka, es werden Märchen nachgespielt und Rätsel gelöst. Ein anderer Rundgang begleitet zu den

Königen, die in Potsdam residierten oder nach Sanssouci. *Buchungen für Gruppen und Schulklassen, Termine und Tickets in der Tourist-Information Brandenburger Straße und unter www. potsdamtourismus.de | 8 Euro, Kinder 6 Euro*

## FILMPARK BABELSBERG [119 E4–5]

Kindergenerationen liebten und lieben ihn: den *Sandmann.* Seit 1959 schickt er die Kleinen in den Schlaf. Wie entsteht eine Folge des beliebten Sandmännchen-Abendgrußes? Bei der Herstellung der Puppen und Dekorationen sowie bei Dreharbeiten darf im Sandmann-Haus zugeschaut werden. Ein Paradies für die jüngsten Besucher ist *Janoschs Traumland,* durch das Sie eine Bootsfahrt machen können und dabei den kleinen Tiger und den kleinen Bären treffen. *Tgl. Ostern–Okt. 10–18 Uhr | Eingang Großbeerenstraße | Eintritt 17 Euro, Kinder 12,50 Euro, Familienkarte (2 Erw., max. 4 Kinder) 55 Euro | www.filmpark.de*

**Insider Tipp**

# > EINE STADT FÜR ENTDECKER

Prachtbauten und Prominentenvillen

*Die Spaziergänge sind auf dem hinteren Umschlag und im Cityatlas grün markiert*

## 1 ARCHITEKTURKOPIEN AUS GANZ EUROPA

Potsdams Altstadt bietet einen Streifzug durch internationale Architektur. In vielen Ländern hatten die Potsdamer Bauherren im königlichen Auftrag abgekupfert. Und so können Sie in der City Bauwerke sehen, die schon lange vorher in anderen europäischen Städten standen. Der Spaziergang dauert etwa 90 Minuten.

Das Gesicht des Alten Marktes bestimmt die Nikolaikirche *(S. 55)* mit ihrer mächtigen Kuppel, die große Ähnlichkeit mit der Londoner St.-Pauls-Kathedrale hat. Zu dem prachtvollen Bau, der heute Altes Rathaus *(S. 49)* heißt, kam Potsdam durch glückliche Umstände. Der Renaissance-Baumeister Andrea Palladio hatte ihn für das italienische Vicenza erdacht, doch dort wollte man den Palazzo nicht haben. So wurde Pots-

Bild: Stadtkanal in der Yorckstraße

# STADT SPAZIERGÄNGE

dams viertes Rathaus nach Palladios Entwürfen errichtet. Bis zur Zerstörung im Zweiten Weltkrieg prägte das Stadtschloss diesen Platz.

Am Eingang zur Breiten Straße laufen Sie am lang gestreckten Marstall vorbei, der das Filmmuseum (S. 50) aufnahm, und kommen dann zur Ecke Dortustraße mit den sorgfältig restaurierten Hiller-Brandtschen-Häusern, für die der nicht mehr existierende königliche Palast Whitehall in London Pate stand. Vor allem auf Befehl von König Friedrich dem Großen entstanden zahlreiche Kopien von europäischen Bauten des 16.–18. Jhs. So ähnelt das nahe Brandenburger Tor (S. 49) einem dreipfortigen römischen Triumphbogen und die Friedenskirche (S. 29) am Rande des Parks von Sanssouci der Basilika San Clemente in Rom.

In der Yorckstraße kann man an einem Teil des rekonstruierten Stadtkanals entlanggelaufen. Damit hat Potsdam wieder einen Hauch von Venedig in seiner Stadt. Rund 200 Jahre zog sich der Kanal durch Potsdam, bis er 1965 zugeschüttet wurde. Die weitere Rekonstruktion hängt von Geldspenden ab.

in die Neue Welt ausgewandert, trat in die Armee von George Washington ein und hatte als Generalinspekteur erheblichen Anteil am Sieg über das britische Heer. Das Denkmal kam 1911 als Geschenk des US-Kongresses nach Potsdam, wurde 1950

Nach dem Vorbild von Inveraray Castle in Schottland: das neogotische Nauener Tor

Über den **Neuen Markt** *(S. 54)* mit dem Kutschstall an der Westseite und der alten Stadtwaage in der Mitte, die zum Restaurant wurde, erreichen Sie die Schlossstraße hinter dem Marstall. Hier steht das **Denkmal für Friedrich Wilhelm von Steuben** (1730–94), den Helden des nordamerikanischen Unabhängigkeitskrieges. Steuben war nach dem Siebenjährigen Krieg

von den kommunistischen Machthabern entfernt und nach deren Sturz wieder aufgestellt.

Nächste Station: die Friedrich-Ebert-Straße. Hier sehen Sie am Ende das **Nauener Tor** *(S. 53),* errichtet nach dem Vorbild von Inveraray Castle in Schottland. Weiter geht es zum Bassinplatz. Die **Französische Kirche** *(S. 51)* gleicht dem Pantheon in

# STADTSPAZIERGÄNGE

Rom, und die Apsis der Peter-Pauls-Kirche (S. 55) am westlichen Platzende ähnelt der Hagia Sophia in Istanbul, während ihr Turm als Nachbildung des Campanile von San Zeno Maggiore in Verona entstand. Die Nordseite des Platzes begrenzt das Holländische Viertel (S. 52).

## 2 BEVERLY HILLS AM GRIEBNITZSEE

Wer es sich leisten konnte, verließ in der zweiten Hälfte des 19. Jhs. die Zentren von Berlin und Potsdam. Am Südufer des Griebnitzsees, buchstäblich zu Füßen des Kaiserschlosses Babelsberg, und in der Nachbarschaft des Ufa-Filmgeländes, entstanden hochherrschaftliche Villen, in denen zahlreiche Filmstars, Regisseure sowie Bankiers und Wissenschaftler lebten. Truman, Churchill, Attlee und Stalin wohnten hier während der Potsdamer Konferenz. Neu-Babelsberg lag zu DDR-Zeiten direkt an der Grenze zu Westberlin, der Griebnitzsee war geteilt. Für die zwangsenteigneten Villen und Landhäuser fühlte sich niemand zuständig, und so waren sie zwischenzeitlich in einem desolaten Zustand. Nach der Einheit haben viele der ehemaligen Besitzer ihr Eigentum zurückerhalten und renoviert. Der Rundgang durch das geschichtsträchtige Viertel dauert etwa 120 Minuten.

Der Spaziergang beginnt am S-Bahnhof Griebnitzsee, der in den 1930er-Jahren den Namen Ufa-Stadt trug. Von hier aus geht es in die Karl-Marx-Straße hinein, die Hauptallee des Viertels, die einst Kaiserstraße hieß und einige Jahre Straße der SA. Die Villa Müller-Grote mit der Nr. 2 am Pfeiler der Gartenpforte, direkt am

Griebnitzsee gelegen, ließ sich der Verleger Carl Müller-Grote 1892 als Sommersitz erbauen. Im Mai 1945 erhielt die Familie den Befehl der Sowjets, das Haus innerhalb weniger Stunden zu verlassen, nur das Nötigste durfte mitgenommen werden. Die östliche Siegermacht des Zweiten Weltkrieges hatte die Gründerzeitvilla für den amerikanischen Präsidenten Harry S. Truman ausgesucht, der nach Potsdam zum Gipfeltreffen der großen Drei kam. Truman residierte in der Villa, die er in seinen Memoiren „Little White House" nannte, vom 15. Juli bis 2. August 1945. Hier erteilte er als 33. Präsident der USA den Befehl zum Abwurf der ersten Atombombe. Heute hat das Landesbüro Brandenburg der Friedrich-Ebert-Stiftung in dem nun Truman Villa genannten Gebäude seinen Sitz.

Es geht weiter zur Nr. 66 auf der linken Seite, der Villa Lilienthal. Der Architekt Gustav Lilienthal, der jüngere Bruder des Pioniers der Fliegerei Otto Lilienthal, hatte sich das Haus im englischen Tudorstil mit Zinnenkranz und Türmchen erbaut. In den 1930er-Jahren diente die Villa als Ufa-Gästehaus, zum Beispiel für Heinz Rühmann und Willy Fritsch. Sie wohnten in guter Nachbarschaft, denn viele Filmstars nutzten die Nähe zu den Filmstudios der Ufa und kauften sich in der vornehmen Villengegend ein. Zu ihnen gehörte Gustav Fröhlich – damals der populärste deutsche Ufa-Schauspieler –, der auf der rechten Seite im Haus Nr. 8 wohnte. Der Filmstar bemühte sich, wie übrigens auch NS-Propagandaminister Goebbels, um die Zuneigung der Schauspielerin Lida Baarova. Fröhlich soll, so erzählte man sich seinerzeit, Goebbels geohrfeigt haben, als sich dieser der Baarova intim näherte. Seitdem wurde in Potsdam hinter der vorgehaltenen Hand gewitzelt: „Ich möcht auch mal fröhlich sein."

Wenden Sie sich nun nach links und biegen Sie in die **Domstraße** ein. Etwa die Hälfte der edlen Liegenschaften befand sich bei Machtantritt der Nazis in jüdischem Eigentum, den Zwangskaufpreis behielten die Nazis als „Reichsfluchtsteuer" ein. Der jüdische Ufa-Produzent Alfred Zeisler beispielsweise, Namensgeber und Vorbesitzer der späteren Villa von Marika Rökk und ihrem Ehemann, dem Regisseur Georg Jacoby, in der Domstr. 28 lebte nach seiner Flucht aus Deutschland von Sozialhilfe und erklärte 1983: „Das Haus ist mir einfach weggestohlen worden. Ich habe keinen Pfennig gesehen."

Jetzt geht es nach rechts, in die **Rosa-Luxemburg-Straße**, die frühere Augustastraße. Im Haus Nr. 27 wohnte bis zu seinem Tod 1965 der kommunistische Arbeiterschriftsteller und Potsdamer Ehrenbürger Hans Marchwitza.

Das Haus Nr. 40 an der Ecke zur Maaß-Straße, die **Villa Wiener,** beherbergte von Mai 1934 bis April 1935 Konrad Adenauer und dessen Familie. Der spätere Bundeskanzler hatte sich hierher zurückgezogen, nachdem er von den Nationalsozialisten als Oberbürgermeister von Köln und Präsident des Preußischen Staatsrates entlassen worden war.

Das Haus in der Rosa-Luxemburg-Str. 24 ist als **Richard-Tauber-Villa**

bekannt, da in ihm in den 1920er-Jahren der berühmte Tenor wohnte. Tauber musste als Jude nach der Machtergreifung der Nazis Deutschland verlassen. Schräg gegenüber, Johann-Strauß-Platz 11, liegt die **Villa Gugenheim,** in der nach 1938 die Schauspielerin Brigitte Horney wohnte. Die Villa im Stil eines alten englischen Landhauses versteckt sich hinter großen Bäumen, die einst der Bauherr, der jüdische Textilindustrielle Fritz Gugenheim, und sein Sohn Hans pflanzen ließen. An den Bauherrn erinnern noch die verschlungenen Initialen „H.G." am schmiedeeisernen Eingangstor.

Rechtsherum biegen Sie in die **Spitzweggasse** ab. Die dreigeschossige **Villa Sarre** mit der Nr. 6 ließ sich der Kunsthistoriker Friedrich Sarre im italienischen Renaissancestil erbauen. Sarre war Direktor der Islamischen Abteilung des Berliner Museum für Islamische Kunst. Den **12 m langen, farbigen Löwenfries,** der unter dem überdachten Turmgang zu sehen ist, brachte er von einer seiner Orientreisen mit.

Fast am Ende der Spitzweggasse steht die **Villa Riehl** mit der Nr. 3. Besitzer des Hauses, das einem italienischen Landhaus ähnelt, war der Philosophieprofessor Alois Riehl, Verfasser der ersten, 1887 erschienenen Biografie des Philosophen Friedrich Nietzsche. Die 1907 gebaute ockerfarbene Villa gilt als das **Erstlingswerk des damals 20-jährigen Ludwig Mies van der Rohe,** der später als Bauhausdirektor Weltruhm erlangte.

Aufmerksamkeit verdient auch das Gelände am Ende der Spitzweggasse. Hier steht die nicht zu übersehende Babelsberger Sternwarte, die 1913 als Nachfolgeeinrichtung der Berliner Universitätssternwarte erbaut wurde. Sie war einst das bestausgerüstete Observatorium Europas. Von der Spitzweggasse führt ein schmaler Treppenweg hinunter zur Karl-Marx-Straße, die Sie in Richtung S-Bahnhof zurücklaufen. Das Haus Nr. 23, in das 1926 der Berliner Bankier Mosler zog, ist ebenfalls ein Mies-van-der-Rohe-Bau.

Auf dem Grundstück mit der Nr. 27 steht die Villa Herpich. Der Mitinhaber des Berliner Kaufhauses für Gardinen, Wäsche, Stoffe und Teppiche „C.A. Herpich Söhne" hatte sich das zweigeschossige Haus 1911 erbauen lassen. 1945 musste auch dieses binnen weniger Stunden geräumt werden: für den sowjetischen Diktator Josef Stalin, der hier während der Potsdamer Konferenz residierte. Heute dient die repäsentative Villa dem Bauindustrieverband Berlin-Brandenburg.

Von der Villa Herpich biegen Sie etwa 300 m weiter links in die lindengesäumte Virchowstraße ein, denn dort steht die Villa Urbig mit der Nr. 23 am Eingangspfeiler. Auch der Entwurf für dieses Haus stammt von Mies van der Rohe. Bauherr war der Bankier der Deutschen Bank, Franz Urbig. 1945, während der Potsdamer Konferenz, zog in das Haus der englische Premierminister Winston Churchill, dem später Premier Clement Attlee folgte.

Das parkartige Grundstück Virchowstr. 1–3 besaß einst der Potsdamer Schulrat Wilhelm von Türk, ein Verfechter der Ideen des Pädagogen Pestalozzi. Deshalb heißt das in der Mitte stehende Haus Villa Türk. Die drei modernen Häuser auf dem Grundstück wurden 1997 fertiggestellt. Die Villa Türk hatte Ende der 1920er-Jahre der damalige Großindustrielle Günther Quandt gekauft, bei dem Joseph Goebbels als Hauslehrer angestellt war. Goebbels be-

Villa Türk: Bauherr war Wilhelm von Türk, bekannt als „Potsdamer Pestalozzi"

schäftigte sich aber nicht nur mit den Quandt-Kindern, sondern auch mit deren Mutter Magda. Der Industrielle ließ sich 1929 scheiden, zwei Jahre später wurde aus Frau Quandt die Gemahlin von Joseph Goebbels, dem späteren nationalsozialistischen Propagandaminister.

# EIN TAG IN POTSDAM

Action pur und einmalige Erlebnisse.
Gehen Sie auf Tour mit unserem Szene-Scout

## POWER FÜR DEN TAG

**9:00**

Kaffeeduft steigt in die Nase, und die Auswahl an Bagels ist riesig. Im *Bagels & Coffee* hat man die Wahl zwischen süß, z.B. mit Zimt, Rosinen und Frischkäse, und herzhaft, wie das French mit rohem Schinken, Camembert und Cornichons. Nach der Bestellung einen Barhocker schnappen und an der 26 m langen Fensterfront Platz nehmen: perfekt, um das erwachende Leben auf der Einkaufsmeile zu beobachten. **WO?** *Bagels & Coffee* | Friedrich-Ebert-Str. 92 | www.bagelsandcoffee.de

**10:00**

## ZIELSICHER

Beim Disc-Golfen, einem Mix aus Frisbee und Golf, heißt es genau

zielen, denn die Scheiben sollen mit so wenigen Würfen wie möglich im Korb landen. Ausprobieren kann man den Funsport auf dem Parcours im Volkspark *(Park-Tageskarte 1 Euro)*. Scheiben am Infostand des Parks ausleihen. **WO?** *Buga-Gelände, Straßenbahn 96 bis Buga-Park* | www.volkspark-potsdam.de

## AMERCIAN STYLE LUNCH

**12:00**

Hunger? Dann geht es jetzt ins *Craddock*, ein American Diner mit Loungecharakter und coolen Lichtinstallationen in Rot und Grün. Auf den Teller kommen Leckereien wie Garlic Bread, Chicken Wings oder Riesenburger. Der Energiekick für den Nachmittag ist inklusive: Bis 15 Uhr gibt's hier kostenlos Coffee Refill. **WO?** *Dortustr. 7* | Tel. 887 16 50

**14:00**

## BOOTSTOUR

Das Motorboot *Funny* wartet schon in der Ma-

rina am Tiefen See. Einsteigen und losdüsen, denn für diesen Spaß braucht man keinen Führerschein. Über die Wellen gleiten und den Fahrtwind im Gesicht spüren. **WO?** *Schiffbauergasse 8* | pro Std. 22 Euro | www.just-for-fun-potsdam.de

# 24 h

## SCHWERELOS ENTSPANNEN

**16:00**

Loslassen ist die Devise! In der Schwerelosigkeit des Floatingbades funktioniert das super. In dem eiförmigen Tank schwebt man in körperwarmer Sole. Augen zu und den Stress abfallen lassen. Nebeneffekt: Während man im Wasser relaxt, werden Immunsystem gestärkt und Glückshormone ausgeschüttet. **WO?** *Beyerstrasse 2 | pro Std. 54 Euro | www.wellnest-potsdam.de*

## ROMANTIKFAKTOR

**18:00**

Zum Kuschel-Sundowner trifft man sich auf dem Pfingstberg. Die traumhafte Kulisse mit Belvedere und Pomonatempel ist ein Highlight für Romantikfans. Einfach im Gras chillen, den Blick auf die Stadt genießen und den kostenlosen Konzerten und Lesungen lauschen. **WO?** *An der B2 in Richtung Spandau, Nedlitzer Straße | www.pfingstberg.de*

## ESSEN IN DER GÖTTERBURG

**20:00**

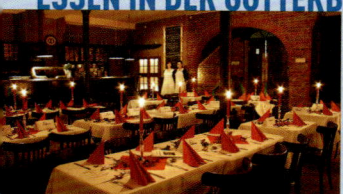

Genug gekuschelt, der Magen knurrt! Also ab ins *Walhalla*. Bis in die 1930er Jahre gaben sich Stars wie Chaplin oder Caruso im *Varieté Walhalla* die Klinke in die Hand. Jetzt kann hier jeder speisen und Köstlichkeiten wie Karotten-Orangensuppe mit Chili, Bourbon Vanille und Flusskrebs oder Lammrückensteaks mit Knoblauch-Vanilleschalotten genießen. Tipp: Es gibt regelmäßig Livemusik. **WO?** *Dortustr. 5 | www.walhalla-potsdam.de*

## ABTANZEN

**23:00**

Retro-Tapete und Designersofas – das *Stilbruch* macht seinem Namen alle Ehre. An der Bar eine *Fritz-Kola* – Szenegetränk der Potsdamer – bestellen und dann die Tanzfläche stürmen. **WO?** *Friedrich-Ebert-Str. 94 | www.stilbruch-potsdam.de*

# > MIT DEM SCHIFF DIE UMGEBUNG ERKUNDEN

Potsdamer Verkehrsnetz umfasst über 25 km Wasserstraße

## 1 GROSSE INSELRUNDFAHRT

Die Schiffstour führt auf der Havel entlang und über mehrere Havelseen. Dabei geht es rund um die Potsdaminsel. Stationen während der Fahrt sind die Orte Caputh und Werder. Die Fahrt mit einem Schiff der Weißen Flotte dauert von Potsdam, Lange Brücke, etwa vier Stunden. Wer sein eigener Kapitän sein möchte, mietet sich ein Boot und schippert damit unabhängig von jedem Fahrplan übers Wasser.

Potsdam wurde auf einer Insel erbaut! Manch einer zweifelt daran – diese Schiffsreise liefert den Beweis. Los geht es unterhalb des aufragenden Hotels Mercure [117 E3], das 1969 unter dem Namen Interhotel Potsdam die ersten Gäste empfing. Nach dem Brauhausberg auf der linken Seite mit dem Landtagsgebäude, dessen Turm aus den Bäumen schaut,

Bild: Ausflugsschiff auf der Havel

# AUSFLÜGE & TOUREN

treten die beiden Ufer zurück. Kurz darauf weitet sich die Havel zum 5,5 km langen und bis zu 1,3 km breiten **Templiner See.** Seit 1955/56 wird er durch einen 1250 m langen Bahndamm mit überbrückter Durchfahrt geteilt. Die DDR schloss mit dem Damm den Eisenbahnring um Berlin, ihre Züge brauchten somit nicht durch Westberlin zu fahren.

Hinter dem Bahndamm ragt links eine kleine Landzunge ins Wasser, die dem See den Namen gab – **Templin.** Wenn Sie jetzt nach rechts schauen, sehen Sie das Waldgebiet **Pirschheide,** einst königliches Jagdrevier. Nach etwa 40 Minuten Fahrt erreicht das Schiff das verträumte **Caputh [122 C4–5].** Durch einen Verbindungsgraben, Caputher Gemünde genannt, gleitet das Schiff in den 6 km langen und bis zu 2 km breiten **Schwielowsee.** Auf der linken Seite erscheint die Silhouette des **Schlosses**

Petzow, die Häuser auf der rechten Seite gehören zu Geltow [122 C4].

65 Minuten sind seit dem Ablegen in Potsdam vergangen, wenn der Kirchturm von Werder [122 B–C4] auftaucht. Ausflugsfahrten nach Werder waren auch schon im letzten Jahrhundert ein beliebtes Freizeitvergnügen.

Dorf Paretz [122 B2], der Lieblingsort von Königin Luise, der Gemahlin von Friedrich Wilhelm III.

In einem scharfen Bogen manövriert der Kapitän das Schiff nach rechts in den Ende des 19. Jhs. gebauten Sacrow-Paretzer-Kanal. Rechter Hand versteckt sich jenseits eines baumbestandenen Damms der für die

Der Wannsee gehört zu den beliebtesten Ausflugszielen der Potsdamer und der Berliner

Hinter der Eisenbahnbrücke von Werder liegt der Große Zernsee. Schilf und sumpfige Wiesen bilden das Ufer, nur ab und zu sind einige Häuser zu sehen, die zur Ortschaft Golm [122 C3] gehören. Kleine Boote dümpeln auf dem Wasser, Schleppkähne werden überholt, im Schilf am Ufer stehen Reiher. Nach dem Kleinen Zernsee passiert das Schiff Phöben und erreicht dann auf der Havel das

Fischzucht genutzte Göttinsee. Hinter der Autobahnbrücke liegt der stark verkrautete Schlänitzsee mit dem Dorf Marquardt [122 C3] an seinem Nordostufer.

An Schlänitz vorbei geht es weiter zum Fahrlander See, den ein künstlicher Damm und Gitter vom Kanal trennen, damit die im See gezüchteten Fische nicht ausreißen können. Es folgt der schmale Weiße See mit

> www.marcopolo.de/potsdam

Neu-Fahrland am Nord- und Nedlitz am Südufer sowie der **Jungfernsee [113 D–F 1–3]**.

Die **Glienicker Brücke [114 C5]** ist eine von etwa zehn Verbindungen zwischen der Potsdam-Insel und dem Umland. Am **Tiefen See** entlang erstreckt sich die Berliner Vorstadt mit ihren prachtvollen Villen, oft direkt am Wasser gelegen. Schließlich, hinter der Humboldtbrücke, teilt sich die Havel in zwei Flussarme, die **Alte** und die **Neue Fahrt**. Das Schiff umfährt auf dem linken Arm die **Freundschaftsinsel [117 F3]** und legt wenig später wieder hinter der Langen Brücke an.

Auskunft über Abfahrtszeiten und Preise: *Weiße Flotte | An der Langen Brücke | Tel. 275 92 10/20 | Fax 29 10 90 | www.schiffahrt-in-pots dam.de.*

## 2 WANNSEE-RUNDFAHRT

**„Pack die Badehose ein…", sang Cornelia Froboes und machte das Lied zum Schlagerhit der 1950er-Jahre. „Wannseerundfahrt" heißt diese Schiffsreise über sieben Seen, die auch am Strandbad Wannsee vorüberführt. Von Potsdam, Lange Brücke, dauert die Tour mit einem Schiff der Weißen Flotte zwei Stunden.**

Die Schiffsreise beginnt in Potsdam an der Langen Brücke. Vorbei an der Freundschaftsinsel und über den Tiefen See erreichen Sie die **Glienicker Lanke [114 C5]**. Das Schiff biegt nach rechts in den **Griebnitzsee** ein, der die Grenze zwischen dem Bundesland Brandenburg und der Hauptstadt Berlin bildet. Rechter Hand dehnt sich der **Park Babelsberg** aus, linker Hand der Park von **Klein-Glienicke**. Danach kommt das Grün des Berliner Forstes, ein Waldgebiet, das fast die gesamte Wannsee-Insel bedeckt. Die herrlichen Villen, an denen das Schiff vorübergleitet, gehören zu **Neu-Babelsberg [119 E2]**. Wenig später passieren Sie die Einfahrt zum 38 km langen, 1906 vollendeten **Teltow-Kanal.** Bis zu 2500 Arbeiter haben hier seinerzeit gebuddelt und so eine der wichtigsten Wasserstraßen für die damalige Hauptstadt des Deutschen Reiches geschaffen.

Von hier aus geht es nun hinein in den ersten Teil des **Prinz-Friedrich-Leopold-Kanals,** seit Beginn des 20. Jhs. die Verbindung zwischen **Griebnitzsee** und dem **Großen Wannsee**. Wenn links die ersten Häuser des Berliner Ortsteils **Wannsee** auftauchen, ist der **Stölpchensee** nahe. Weiter fährt das Schiff bis zum **Pohlesee**. Bald darauf erscheint am rechten Ufer des Großen Wannsees das im Sommer immer gut besuchte **Strandbad Wannsee [123 E3]**.

Voraus taucht die **Pfaueninsel** auf, wunderschön gelegen inmitten der altmärkischen Landschaft. Das Schloss versteckt sich hinter Bäumen und zeigt sein strahlendes Weiß erst, wenn das Schiff die Insel passiert hat. Links sind die **Kirche St. Peter und Paul** und danach das im russischen Blockhausstil erbaute **Restaurant Nikolskoe** zu sehen. Rechts kommt die **Heilandskirche** von **Sacrow [114 C3]** ins Bild. An der Langen Brücke endet die Sieben-Seen-Fahrt. Auskunft über Zeiten und Preise: *Weiße Flotte | An der Langen Brücke | Tel. 275 92 10/20 | Fax 29 10 90 | www. schiffahrt-in-potsdam.de*

# > VON ANREISE BIS WETTER

Urlaub von Anfang bis Ende: die wichtigsten Adressen und Informationen für Ihre Potsdamreise

## ◼ ANREISE

### AUTO

Die Stadt ist gut über die Autobahn zu erreichen. Auf dem Berliner Ring fahren Sie bis Abfahrt Potsdam Nord und weiter auf der B 273. Oder von Süden Abfahrt Potsdam Süd, weiter auf der B 2. Wer längere Autostrecken scheut, für den bieten sich die *Autozug-Terminals* in Salzburg und Innsbruck sowie in München *(www.dbautozug.de)* nach Berlin-Wannsee an.

### BAHN

Potsdam verfügt über direkte Fernverbindungen IR, IC und ICE aus Richtung Westen, ansonsten können Sie die Stadt gut über Berlin erreichen. Bequeme Nachtzüge fahren von München, Köln, Bonn, Dortmund sowie Amsterdam, Paris, Brüssel, Zürich und Prag *(www.citynight line.de)*. Von den Berliner Fernbahnhöfen fährt die *S-Bahnlinie 7* nach Potsdam. Sie hält auf den Bahnhöfen *Griebnitzsee, Babelsberg* und *Hauptbahnhof.*

### FLUGZEUG

Die nächstgelegenen Flughäfen für den internationalen Verkehr befinden sich in Berlin: *Tegel* im Norden und *Schönefeld* im Südosten. Dann weiter mit der Berliner S-Bahn *(siehe unter Anreise Bahn).*

# PRAKTISCHE HINWEISE

## ■ AUSKUNFT ■

**POTSDAM-INFORMATION** [117 D2–3]

Die Potsdamer Touristenzentrale erteilt Auskünfte, gestaltet individuelle Tages- und Mehrtagesfahrten, bietet Stadtrundfahrten an, verkauft Publikationen und vermittelt Hotelzimmer und andere Unterkünfte in Potsdam und in der Umgebung. *April–Okt. Mo–Fr 9.30–18, Sa/So 9.30–16, Nov.–März Mo–Fr 10–18, Sa/So 9.30–14 Uhr | Brandenburger Str. 3 | 14467 Potsdam | Tel. 0331/ 27 55 80 | Fax 275 58 29 | tourismus-service@potsdam.de*

### BESUCHERZENTRUM DER STIFTUNG PREUSSISCHE SCHLÖSSER UND GÄRTEN BERLIN-BRANDENBURG

Alle Informationen zu den Schlössern und Parks. *März–Okt. tgl. 8.30 bis 17 Uhr, Nov.–Febr. 9–16 Uhr | An der Historischen Mühle | 14469 Potsdam | Tel. 0331/969 42 02 | Fax 969 41 07 | besucherzentrum@spsg.de*

## ■ FAHRRADVERLEIH ■

Von Karfreitag bis Ende Oktober täglich 9–18.30 Uhr, außerhalb der Saison Mo–Fr 9–18.30 Uhr, bietet *Potsdam per Pedales* im Bahnhof Griebnitzsee Fahrräder zur Erkundung von Stadt und Umgebung an. Mai–Sept. täglich 9.30–19 Uhr können Fahrräder auch auf dem Potsdamer Hauptbahnhof, S-Bahn-Gleis ausgeliehen werden *(Tel. 748 00 57 | www.pedales.de).*

## ■ FUNDBÜRO ■

Das städtische Fundbüro befindet sich im Stadthaus [117 E2] *(Friedrich-Ebert-Str. 79–81 | Tel. 289 15 87).*

## ■ INTERNET ■

Fast alles über die Stadt Potsdam: *www.potsdam.de*
Die offizielle Seite der Potsdam Tourismus GmbH: *www.potsdamtourismus.de*
Infos zur Verkehrslage und Parkplätzen: *www.mobil-potsdam.de*
Infos über Programme und Termine: *www.kulturfeste.de*
*www.brandenburg-termine.de*
Kinos in Potsdam: *www.kino-potsdam.de | www.uci-kinowelt.de*

## ❯ WAS KOSTET WIE VIEL?

| | |
|---|---|
| ❯ **KAFFEE** | **CA. 1,90 EURO**<br>eine Tasse |
| ❯ **BIER** | **CA. 2 EURO**<br>0,3 l vom Fass |
| ❯ **MUSEUM** | **12 EURO**<br>Führung im Schloss Sanssouci |
| ❯ **KINO** | **5 EURO**<br>im Filmmuseum |
| ❯ **FAHRRAD** | **AB 10,50 EURO**<br>Miete für einen Tag |
| ❯ **STRASSEN-BAHN** | **1,20 EURO**<br>Kurzstrecke<br>6 Haltestellen |

Ausführliche Informationen zu den Schlössern und Gärten: *www.spsg.de* Eine informative Seite zu Hotels: *www.hotels-potsdam.de*
Wie komme ich von A nach B in der Stadt: *www.swp-potsdam.de*
Potsdam mit seinen Welterbestätten: *www.unesco-welterbe.de*
Branchenbuch, Eventkalender und touristische Tipps: *www.info-potsdam.de*
Infos und Aktuelles zu Leben, Arbeiten, Reise und Freizeit: *www.potsdam-abc.de*
Angebote der Linien der Weißen Flotte, der Havelschifffahrt: *www.schiffahrt-in-potsdam.de*
Weiterführende Informationen über das Bundesland Brandenburg: *www.reiseland-brandenburg.de*

## ■ INTERNETCAFÉ

Im Zentrum liegt das *Mediacafé Hellnet* [117 E3] *(Schloßstr. 13 | Tel. 23 70 00 05 | potsdam@hellnet.com).* Hier können Sie an 30 Computern tgl. 10–1 Uhr chatten und surfen.

## ■ NOTRUFE

Polizei *110*
Feuerwehr und Notarzt *112*
Kassenärztlicher Notdienst *71 33 00*

## ■ ÖFFENTLICHE VERKEHRSMITTEL

Das Straßenbahn- und Busnetz ist gut ausgebaut, sodass jeder schnell an sein Ziel gelangt.

Potsdam und Berlin bilden einen Verkehrsverbund. Es bestehen die beiden Tarife *Potsdam und das Umland* (ohne Berlin) und *Berlin und das Umland* (mit Potsdam) mit den Tarifzonen A, B und C.

Hilfe im Tarifdschungel finden Sie unter der *VIP-Kunden-Hotline* (Tel. *Insi Tip* *661 42 75),* den Kundenzentren in der Wilhelmgalerie, im Hauptbahnhof und in Babelsberg sowie im Internet unter *www.vip-potsdam.de.*

Preiswert, zeitsparend und erlebnisreich sind Fahrten mit den Potsdamer *Wassertaxis.* Sie verkehren wie ein Linienbus nach einem festen Fahrplan und steuern 13 Anlege-

# WETTER IN POTSDAM

| Jan. | Feb. | März | April | Mai | Juni | Juli | Aug. | Sept. | Okt. | Nov. | Dez. |
|------|------|------|-------|-----|------|------|------|-------|------|------|------|
| 2 | 4 | 8 | 13 | 19 | 22 | 23 | 22 | 19 | 13 | 6 | 3 |
| Tagestemperaturen in °C | | | | | | | | | | | |
| –3 | –3 | 0 | 3 | 8 | 10 | 13 | 12 | 9 | 5 | 1 | –2 |
| Nachttemperaturen in °C | | | | | | | | | | | |
| 2 | 2 | 5 | 6 | 8 | 8 | 8 | 7 | 6 | 4 | 2 | 1 |
| Sonnenschein Std./Tag | | | | | | | | | | | |
| 10 | 9 | 8 | 9 | 8 | 9 | 10 | 9 | 8 | 8 | 9 | 9 |
| Niederschlag Tage/Monat | | | | | | | | | | | |

# PRAKTISCHE HINWEISE

punkte zu beiden Seiten der Havel an, u.a. Sacrow, Cecilienhof, die Schiffbauergasse. Die Taxen sind tgl. von Ende April bis Anfang Oktober unterwegs, Fahrscheine erhalten Sie beim Schiffsführer. *www.potsdamer-wassertaxi.de*

## ÖFFNUNGSZEITEN

Wer bei den Restaurants sichergehen möchte, ob und wie lange geöffnet ist, sollte sich telefonisch erkundigen. Die Ladenöffnungszeiten sind in Potsdam freigegeben: Mo–Sa dürfen die Geschäfte rund um die Uhr öffnen, Gebrauch davon machen allerdings die wenigsten. Kleinere Geschäfte, vornehmlich in der Umgebung Potsdams, haben oft eine ein- oder auch zweistündige Mittagspause.

In den Wintermonaten bleiben in Potsdam und in der Umgebung einige Schlösser geschlossen. Die Kirchentüren öffnen sich nur dann zu Besichtigungen, wenn sich Gemeindemitglieder dafür ehrenamtlich zur Verfügung stellen.

## STADTBESICHTIGUNGEN

Von April bis Oktober findet Di–So 11 Uhr eine *Stadtrundfahrt* mit Besichtigung von Schloss und Park Sanssouci statt, Dauer 3,5 Stunden. Wer ohne Schloss und Park bucht, für den endet das Programm nach 1,5 Stunden. Das ganze Jahr über werden verschiedene thematische Führungen durchgeführt, über die ebenfalls die Potsdam-Information Auskunft erteilt *(Tel. 275 58 50)*.

Geführte *Radtouren* mit Witz und Esprit durch Potsdam und in die Umgebung führt *potsdam per peda-les* durch *(Tel. 748 00 57 | www.peda-les.de)*.

Mit dem *iGuide,* einem Minicomputer mit Kopfhörern, kann die Stadt auf eigene Faust erkundet werden. Ca. 30 Sehenswürdigkeiten werden optisch und akustisch erlebbar gemacht. Verleih*: Tourist-Information Brandenburger Str. 3 | Tel. 27 55 80 | www.potsdamtourismus.de*

## TAXI

Zentrale Vermittlung rund um die Uhr *(Tel. 29 29 29)*. Im Stadtzentrum gibt es u.a. Standplätze am *Luisenplatz* [117 D3]*, Platz der Einheit* [117 E3] und *Hauptbahnhof* [117 F4]. *www.taxi-potsdam.de*

## TELEFON & HANDY

Vorwahl Potsdam: *0331*

Potsdam hat, wie fast alle ostdeutschen Städte, eines der modernsten Telefonnetze in Deutschland. Handybesitzer müssen nur in der Umgebung mit kleinen Funklöchern rechnen. Die öffentlichen Telefone sind meist nur mit Karten zu benutzen.

## VERANSTALTUNGSTIPPS

Monatlich erscheint kostenlos „Events – das Potsdamer Stadtmagazin" mit Szenetipps und Veranstaltungskalender *(www.stadtmagazin-events.de)*. Aktuelles über Potsdam ist zu finden im „Potsdam-Magazin – Best of Brandenburg" *(www.potsdam-magazin.de)*, das alle zwei Monate erscheint, sowie im „Potsdam-Journal" *(www.potsdamjournal.de)*, das fünfmal im Jahr herauskommt, und in dem viermal im Jahr erscheinenden „Potsdam life" *(www.potsdamlife.de)*.

Russische Kolonie Alexandrowka

# > UNTERWEGS IN POTSDAM

Die Seiteneinteilung für den Reiseatlas finden Sie auf dem hinteren Umschlag dieses Reiseführers.

# CITY ATLAS

A  B  Weißer  C  Angler
See  kol

300m

Persiusturm

692

Lerchen-  692  Ned

Kläranlage  Schäfer-
remise  220

Sozialdorf
Lerchensteig (AWO)

Schneider-
remise

Augustenruh  Grenz-
allee  Grenz-

Gartenstad
Süd (in Bau)

Reiherstand

8 = Friedrich-Kunert-Weg
9 = Ferdinand-Jühlke-Weg
10 = Nietnerstraße
11 = Georg-Potente-Weg
12 = Gustav-Meyer-Str.
13 = Rudolf-Kierski-Weg
14 = Hans-Kölle-Weg

Kolonie
Am
Beeren-
busch

Kolonie
Eintracht

Bornimer

Feldflur

Staudenweg

Thaerstr. Zum  Lausebusch

1 = Zum Reiherstand
2 = Bussardweg
3 = Herta-Hammerbacher-Str.
4 = Walter-Funcke-Str.
5 = Herm.-Göritz-Str.

Staudengärtnerei
Foerster

Thaerstr.
2

Bornstedt  Zum
Kurzen
Feld

Potsdamer

6 = Heisenbergstr.
7 = Von-Klitzing-Str.

Einkaufs-
zentr.  612,614,

Grund-
sch.Sport-
pl.  Erwin-
Barth-
str.  Kita

Katharinen-  443

holz

Habicht-  Fliederweg
weg

Kita

Charles-
Tellier-
Platz  92

Johan-
Bouman-
Pl.

Fach-
hochschule  Pappelallee  P

Blumenstr.  Schul-
pl.

444

Katharinen-

Institut f.
Gerichtl.Medizin  Landel-
allee

Schloss
Lindstedt  Teufelsgraben

holz  str. allee

Born-
stedter

Ruinenberg
74

1=Moritz-von-Egidy
2=An den Gärten
3=An der Einsiedel
4=Ulanenweg

Grabenstr.

Eichen-

Krongut
Bornstedt
See  273

116  Belvedere
Lindstedter
Tor  Weinberg  Drachen-
haus  112

Orangerie  An
der

## A

**Königswald**

690

691

692

184

185

*Straße nach*

2

**Jungfern-**

Sacrow

*Berliner Straße*

3

Anlegestelle

ehem. Meierei

**see**

**Stadtteil**
**Nauener Vorstadt**
(zu Potsdam)

P

**Schloss Cecilienhof**
Gedenk-
stätte

Grünes Haus

4

**Neuer**

Pyramide

Schindel-
hs.

**Garten**

**Heiliger**

Marmor-
palais

Obelisk

**Orangerie**

astronom.
zentrum
s-Bürgel

**See**

s Hs.

Gotische
Bibliothek

fpunkt
eizeit

P

**Behlert**

**Hans-Thom-**
str.

## B

**Zedlitzberg**
66

680

**682**

683

176

175

**Schwarzer Berg**
59

177

*Krampnitzer Straße*

*Straße*

*nach*

Riesterhorn

Rettungs-
station

Quapphorn

Neuer
Garten

Schwanen-
brücke

Schwanen-

**Hasengraben**

**Menzel-**

**Böcklinstraße**

**Rembrandt**

*Ludwig-Richter-Str.*

**Stadtteil**
**Berliner**
**Vorstadt**
(zu Potsdam)

Alten-
hm.

Bundesverm.amt

Eich-
amt

S

Oberst-
zentr.

Kita

Kultur-
zentr.

**Seestraße**

*Mangerstraße*

*Rubens-str.*

**Mangerstr.**

**Otto-Nagel-Str.**

*Helmholtzstr.*

**1**

**Berliner-Straße**

**118**

Schützen

## C

Bade-
stelle

**Sacrower**

17

**Weinberg**

Wein-
meister-

Sport-
pl.

**Schiffgraben**

S

**697**

**Krampnitzer**

st

P **Friedh.**

Kap.

**Schloss**
**Sacrow**

**Schlosspark**
**Sacrow**

Heilands-
k.

**Römerbank**

**Havel**

**Berlin**

**Potsdam**

Schloss-

garten

**Schloss**
**Glieni**

**Glienicker**
**Br.**

Anlege-
stelle

93

König-

**Straße**

Anlege-
stelle

Anlege-
stelle

316

**Berliner**

**Jagdschlo**
**Glienicke**
Heimvolkshoch-
schule
Hs. Bülo

**Glienicker Lan**

Sport-
pl.

Glienicker
Horn

Yachthafen

Hs. der
Jugend

**Babelsberger Enge**

**Tiefer**

**See**

weg

**Schloss**
**Babelsberg**

P

**Kleines**
**Schloss**

Schlossmus.

**Univer**
**Potsda**

Wasse

**Park**

Gerichtslaube

Matrosen-
haus

**Babelsberg**

Flatowturm

Friedr.-
Wilhelm-
Höhe

Sieges

**114**

Fuchsberge
65 **D**
171
**E**
**F**

72
Kladower Straße

Kl. Hämphorn

Potsdam
Berlin

**Havel**

Parschen-
kessel

**Pfaueninsel**

Luisentempel

Pfauen-
ställe
**NSG**

Kavalier-
haus

Voliere

**1**

Am Hamphorn

Gr. Hämphorn

acrow

acrower

Meedehorn

Am Meedehorn

Küchenbau
**Schloss**
Schweizer-
haus
Kastellanhs.
Fährhaus
Fregatten-
schuppen

Wasser-
vogel-
teich

Maschinen-
haus

Rettungsst.
Badest.

**2**

Anlege-
stelle
Marstall

218

Pfaueninselchaussee

218

Nikolskoer Weg

97

Appelhorn

Anlege-
stelle

101

Nikolskoe

St.-Peter-
u.Paul-
Kirche

Friedhof

98

99

**B e r l i n e r**

**3**

Weg

Moorlake

Moorlakeweg

hof

ungs-
ation

Moorlaker

Stolper Berge
97•

88

89

**F o r s t**

rhof

Nikolskoer Weg

Weg

Finken-
berg
•
81

90

Fernmelde-
turm

103
Schäferberg

**4**

Sch

olkspark

-Glienicke

abnis Wild-

gehege

Nikolskoer

Weg

316 N16

23

**Königstraße**

Golf-

1
weg

Golf-

straße

1

**Klein-
Glienicke**

•83
**Böttcher-
berg**

Am Böttcherberg
Tannenweg
Am Waldrand

Loggia d.
Alexandra

Am
Tannen-
str.
**F**

Roedenbeck-

steig

80

81

82

Golf-

platz

Glienicke

**5**

Hahn-Meitner-Institut
f. Kernforschung Berlin

Erdfunkst.
Dt. Telekom

is-Nathan-Allee
miller-
str.
Lankestr.
Wannsee-
Griebnitzstr.

**Griebnitz-**

Wasser-
str.
894

K.-Marx-Str.

Sternwarte

Astrophys.
Inst.

Glienicke
P

An der Sternwarte
Freie Winkel
Scholle

**2**

J.-

Karl-Marx-Straße
Berg-
weg
gasse
Rei

**Hirschberg**
•
90

ehem.

76

73

300m

Müll-

119

deponie

**Golfplatz**

72

69

**6**

**115**

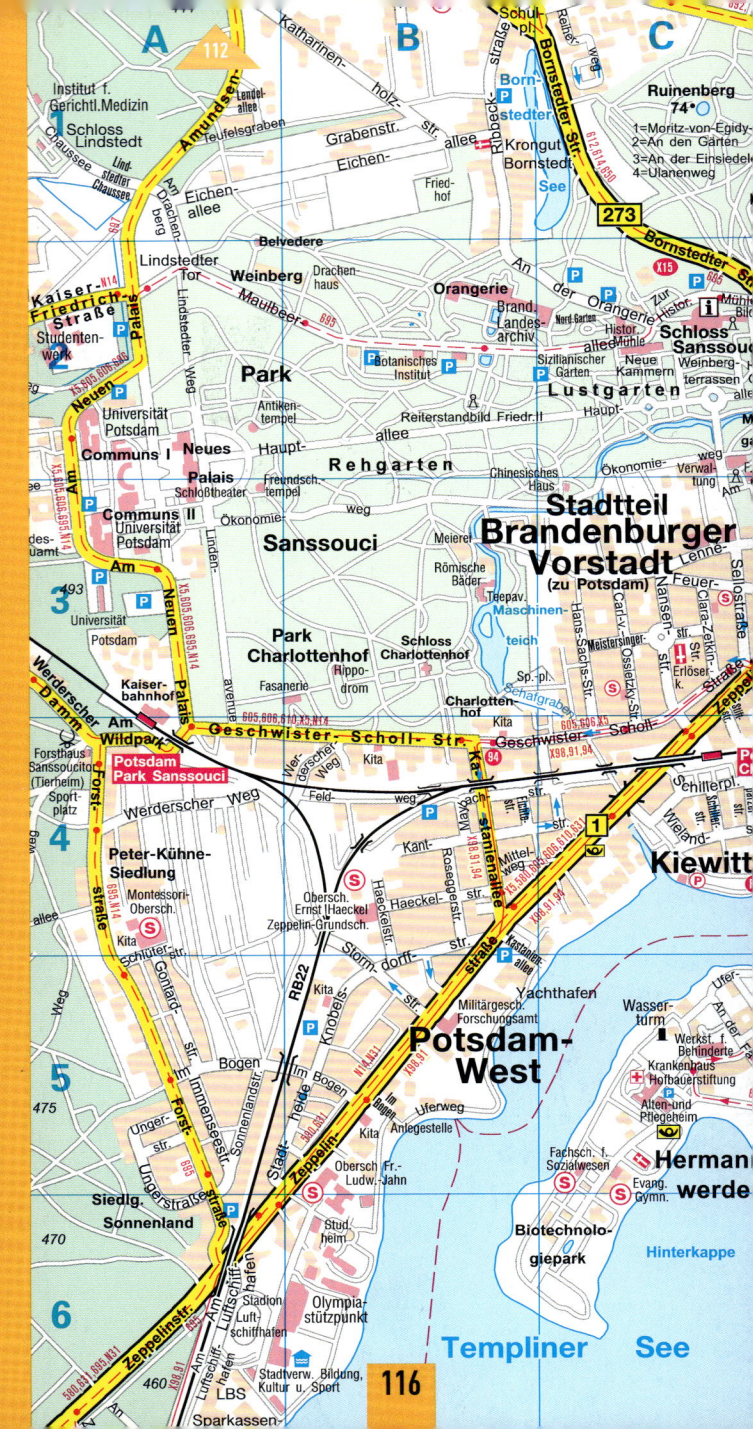

**A** **B** **C**

Katharinen- holz- straße Schul- pl.

Reihe straße

Bornstedter Str.

Landol- allee

Institut f. Gerichtl.Medizin

**1** Schloss Lindstedt

Chaussee

Teufelsgraben

Lind- stedter Chaussee

Amundsen

Eichen- berg

Eichen- allee

Graben str.

Eichen- allee

Friedhof

Born- stedter

Krongut Bornstedt

See

Ribbeck-

Ruinenberg 74•○

1=Moritz-von-Egidy-
2=An den Gärten
3=An der Einsiedelei
4=Ulanenweg

Belvedere

Lindstedter Tor

Weinberg

Drachen- haus

An der Orangerie

**273**

Bornstedter Str.

X15

Kaiser-
**Friedrich-
Straße** N14

Palais

Maulbeer- allee

Orangerie

Brand. Landes- archiv

Histor. Mühle

Nord-Garten

Histor. Mühle

**i** Mühle

**Schloss
Sanssouci**

**2** Studenten- werk

Am Neuen

Palais

Lindstedter Weg

Botanisches Institut

**P**

Sizilianischer Garten

Neue Kammern

Weinberg- terrassen

**Park**

Antiken- tempel

**P**

Reiterstandbild Friedr.II

**Lustgarten**

Universität Potsdam

**Communs I Neues
Palais**

Schloßtheater

Freundsch.- tempel

Haupt-

**Rehgarten**

allee

Chinesisches Haus

Ökonomie- Verwal- tung

Am

**Communs II
Universität
Potsdam**

Am

Ökonomie

Linden-

**Sanssouci**

Meierei

Römische Bäder

Thepav.

**Stadtteil
Brandenburger
Vorstadt**
(zu Potsdam)

Lenné-

Feuer-

**3** 493

Universität Potsdam

**P**

Neuen

Maschinen- teich

Carl-v.

Hans-Sachs-Str.

Zander-

Meistersinger-

Ossietzky-Str.

str.

Clara- str.

Selloström

**Park
Charlottenhof**

Schloss Charlottenhof

Hippo- drom

Sp.

Sp.pl.

Erlöser- k.

Zeppe

Palais

Kaiser- bahnhof

Fasanerie

avenue

**Charlotten-
hof**

Schafgraben

**S**

Str.

Werdersche Damm

Am Wildpark

Geschwister- Scholl- Str.

Kita

Geschwister- Scholl

605,606,x5

X98,91,94

**P**

**Potsdam
Park Sanssouci**

Werdersche Weg

Kita

94

Schiller pl.

Schiller-

Wieland-

Schläfer-

P

**4** Forsthaus Sanssouci (Tierheim)

Forst

Werdersche Weg

Feld-

weg

**P**

Mittel- weg

str.

**1**

Sportplatz

**Peter-Kühne-
Siedlung**

straße

Kant-

Rosegger-str.

Stahnsdorfer

str.

N14,81,94

**Kiewitt**

Montessori- Oberschule

**S**

Haeckelstr.

Oberschule

Ernst [Haeckel]

Zeppelin-Grundsch.

str.

Haeckel- str.

Wasser- turm

An der

**P**

RB22

Kita

Storm

dorff-

str.

Gärtner-

allee

Werkst. f. Behinderte

Uferw

Schlüter-

Contard-

str.

Kita

**P**

Im Bogen

N14,X31

Knobels-

**Yachthafen**

Militärgesch. Forschungsamt

Krankenhaus Hofbauerstiftung

**5** 475

Bogen

Sonnenlandstr.

Immengeestr.

Forst-

Im Bogen

**Potsdam-
West**

Zeppelin-

Uferweg

Alten-und Pflegeheim

**Fachsch. f.
Sozialwesen**

**S**

str.

Kita

Anlegestelle

Unger str.

**P**

N14

Staat-

Oberschule Fr.- Ludw.-Jahn

**S**

Evang. Gymn.

**Herman
werde**

**S**

**Siedlg.
Sonnenland**

Staatstraße

Unterstraße

665

**Biotechnolo-
giepark**

Hinterkappe

**6** 470

Weg

Am Luftschiffhafen

Zeppelin-

Stud. heim

Stadion

**S**

Olympia- stützpunkt

**Templiner**

**See**

460

Zeppelinstr.

Sparkassen-

Stadtverw. Bildung, Kultur u. Sport

LBS

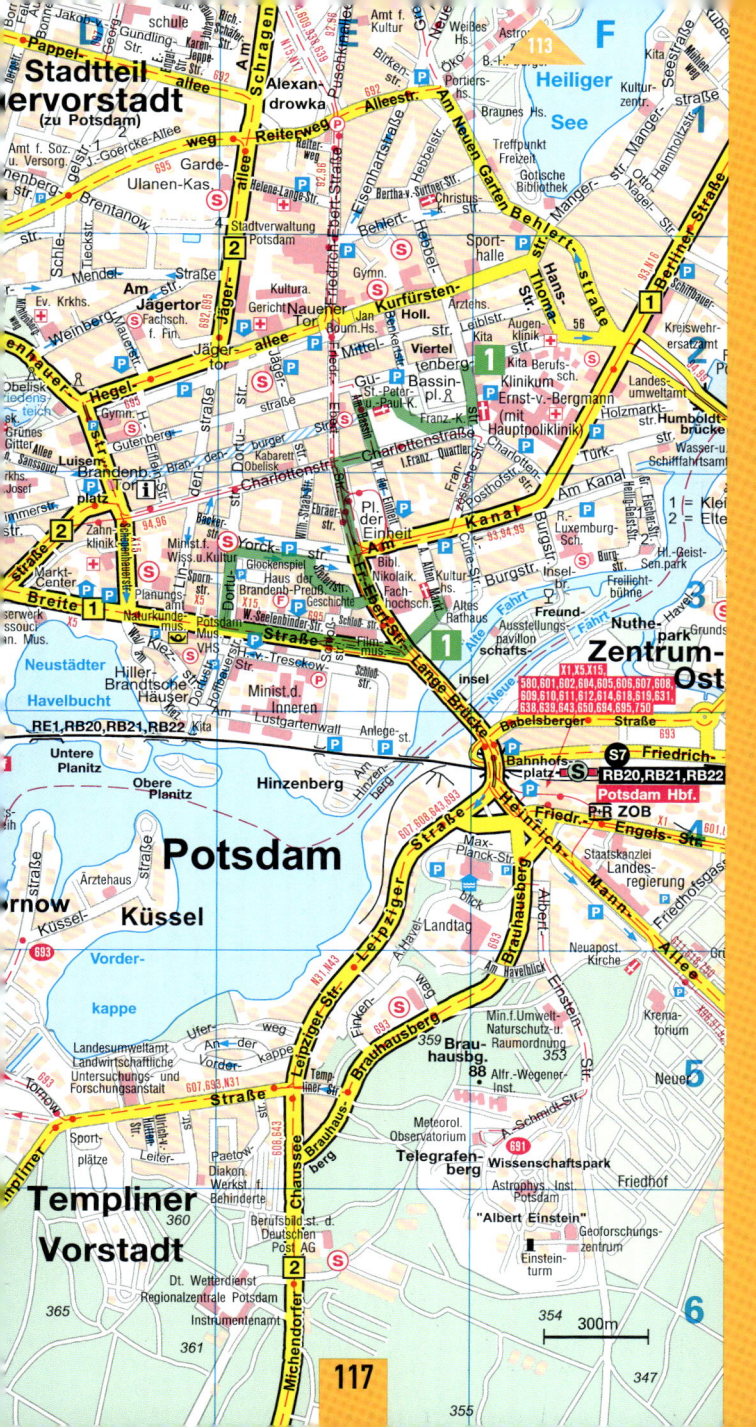

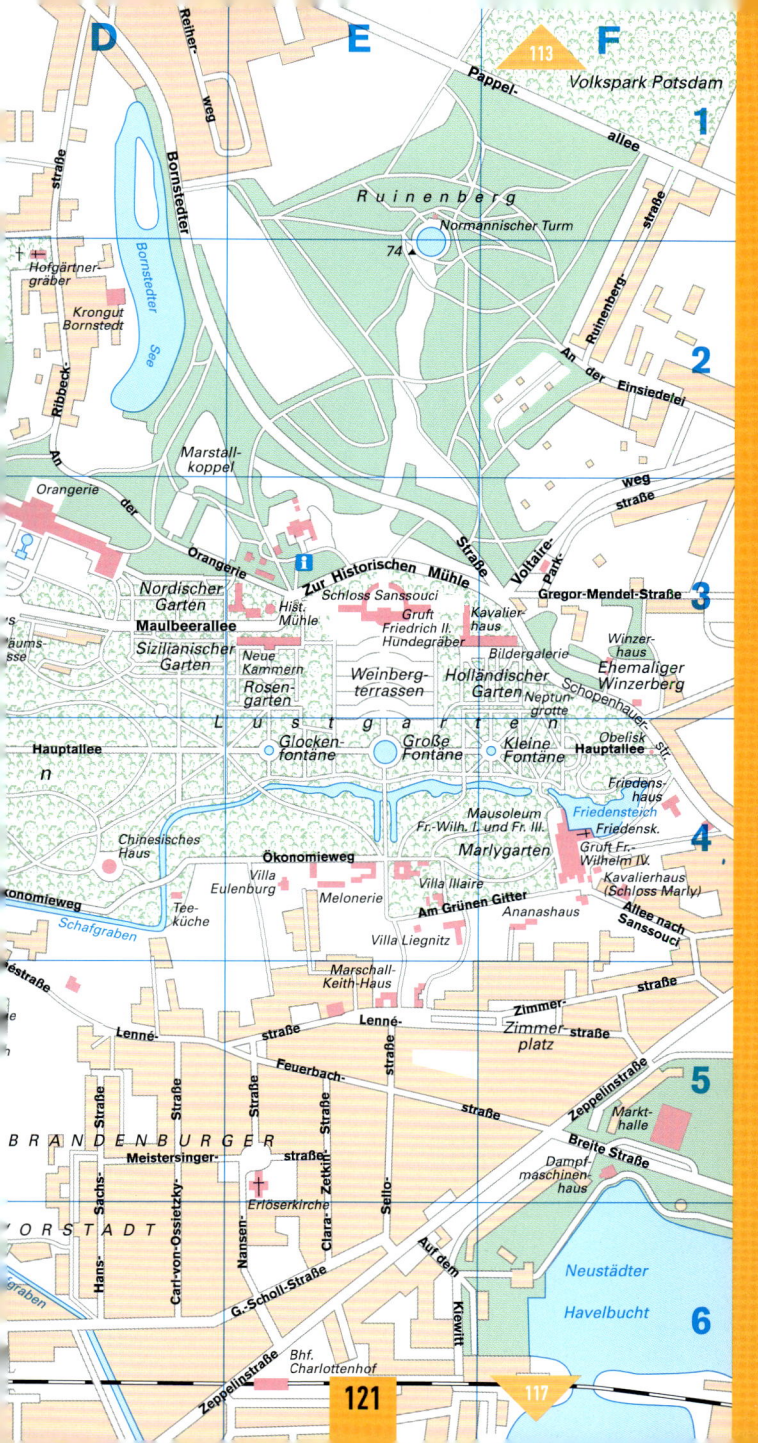

D     E     113     F

Reiher-weg

Pappel-

Volkspark Potsdam

allee

**1**

Bornstedter

Bornstedter See

straße

R u i n e n b e r g

Normannischer Turm

74 ▲

Ruinenberg-straße

**2**

An der Einsiedelei

Hofgärtner-gräber

Krongut Bornstedt

Ribbeck-

An der

Marstall-koppel

weg

straße

Orangerie

der

Orangerie

Straße

Voltaire-Park

Gregor-Mendel-Straße

**3**

Nordischer Garten

Zur Historischen Mühle

Hist. Mühle

Schloss Sanssouci

Gruft Friedrich II. Hundegräber

Kavalier-haus

Maulbeerallee

Sizilianischer Garten

Neue Kammern

Bildergalerie

Winzer-haus

Ehemaliger Winzerberg

Schopenhauer-

baums-sse

Rosen-garten

Weinberg-terrassen

Holländischer Garten

Neptun-grotte

str.

L u s t g a r t e n

Hauptallee

n

Glocken-fontäne

Große Fontäne

Kleine Fontäne

Obelisk

Hauptallee

**4**

Chinesisches Haus

Ökonomieweg

Villa Eulenburg

Melonerie

Mausoleum Fr.-Wilh. I. und Fr. III.

Marlygarten

Friedens-haus

Friedensteich

Friedensk.

Gruft Fr.-Wilhelm IV.

Kavalierhaus (Schloss Marly)

Tee-küche

Villa Illaire

Am Grünen Gitter

Ananashaus

Allee nach Sanssouci

onomieweg

Schafgraben

Villa Liegnitz

Marschall-Keith-Haus

straße

Lenné-

Lenné-

Zimmer-

straße

Zimmer-platz

straße

Feuerbach-

straße

Zeppelinstraße

**5**

Markt-halle

B R A N D E N B U R G E R

Meistersinger-

straße

Sachs-Straße

Straße

Straße

Clara-Zetkin-

straße

Breite Straße

Dampf-maschinen-haus

estraße

e

Hans-

Carl-von-Ossietzky-

Nansen-

Erlöserkirche

G.-Scholl-Straße

Sello-

Auf dem

Kiewitt

Neustädter

Havelbucht

O R S T A D T

graben

Zeppelinstraße

Bhf. Charlottenhof

**121**

**117**

**6**

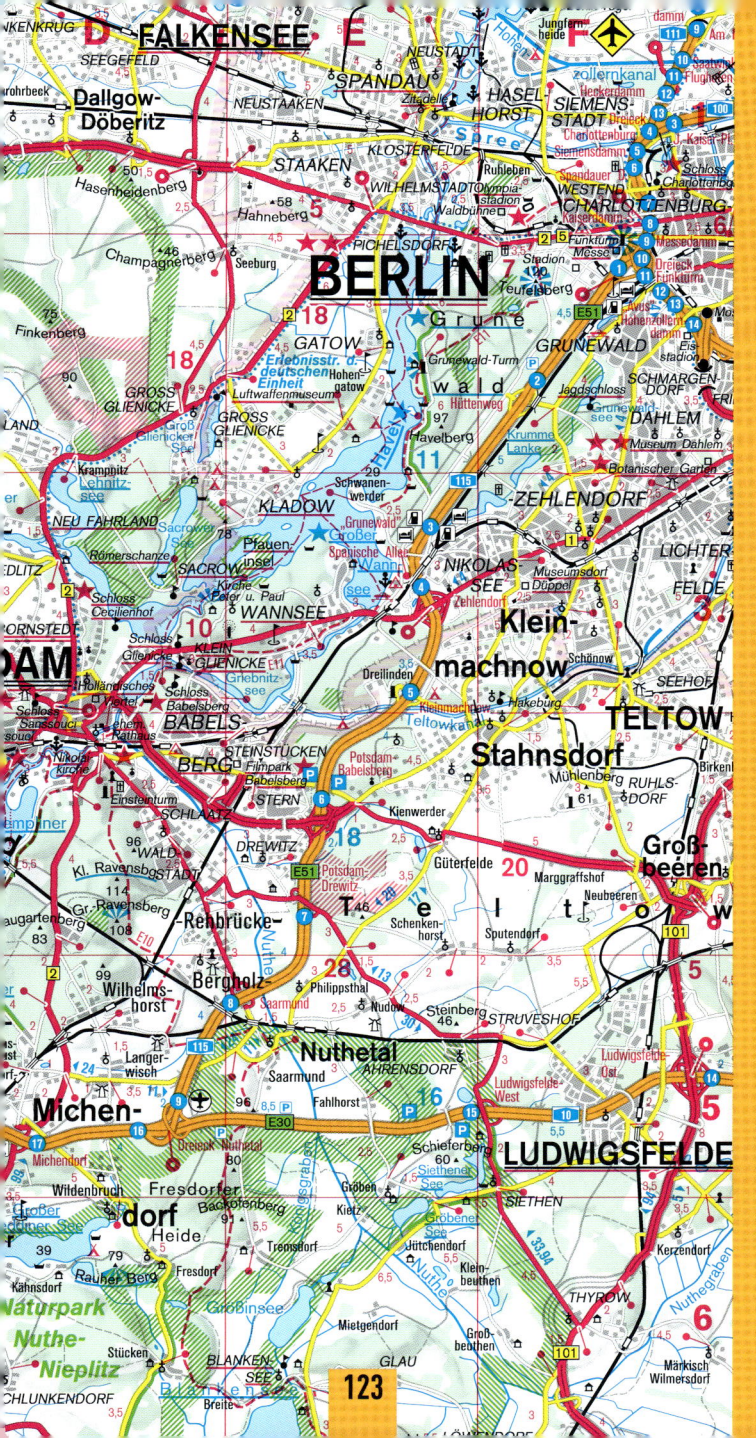

123

| | |
|---|---|
| **7** | Autobahn mit Nummer<br>Motorway with number<br>Autoroute avec numéro |
| **5** | Nummer der Autobahnanschlussstelle<br>Motorway junction number<br>Numéro d'échangeur d'autoroute |
| **12** | Schnellstraße/ Bundesstraße<br>Expressway/ Federal road<br>Route express/ Route nationale |
| | Durchgangsstraße<br>Main through road<br>Grande route |
| | Übrige Straßen/ Weg<br>Other roads/ Footpath<br>Autres routes/ Sentier |
| | Straßen in Bau/ Planung<br>Roads under construction/ projected<br>Routes en construction/ en projet |
| | Fußgängerzone/ Einbahnstraße<br>Pedestrian zone/ One-way street<br>Zone piétonnière/ Rue à sens unique |
| | Stadt- und Gemeindegrenze<br>Town and communal boundary<br>Limite de ville et commune |
| | Umweltzone<br>Environmental zone<br>Zone environnement |
| | Eisenbahn mit Bahnhof<br>Railway with station<br>Voie ferrée avec gare |
| | Güter- und Industriebahn<br>Freight and industrial railway<br>Voie ferrée de marchandise et industrielle |
| **S3** | S-Bahn mit Nummer und Station<br>Rapid transit train with number and station<br>Train en trafic suburbain avec numéro et gare |
| **U6** | U-Bahn/ Stadtbahn<br>Underground/ Light Rail<br>Métro/ Métro Léger |
| **841 / 698** | Bus/ Straßenbahn mit Endhaltestelle<br>Bus/ Tramway with terminus<br>Autobus/ Tramway avec terminus |
| **P** | Parkplatz/ Parkhaus/ Tiefgarage<br>Car park/ Parking house/ Underground car park<br>Parking/ Garage/ Parking souterrain |
| **P·R** | Park+Ride/ Parkleitsystem<br>Park+Ride/ Parking control system<br>Park+Ride/ Système de signalisation |

| | |
|---|---|
| | Hallenbad<br>Indoor swimming pool<br>Piscine couverte |
| | Kirche<br>Church<br>Église |
| | Krankenhaus<br>Hospital<br>Hôpital |
| | Campingplatz/ Jugendherberge<br>Camping site/ Youth hostel<br>Camping/ Auberge de jeunesse |
| | Post<br>Post office<br>Bureau de poste |
| | Försterei<br>Forester's lodge<br>Maison forestière |
| | Einzelne Bäume<br>Isolated trees<br>Arbres isolés |
| | Wirtshaus/ Ausflugslokal<br>Inn/ Excursion - Inn<br>Auberge/ Café-Restaurant |
| | Sendeanlage/ Leuchtturm<br>Transmitting station/ Lighthouse<br>Station d'émission/ Phare |
| | Denkmal/ Turm<br>Monument/ Tower<br>Monument/ Tour |
| | Windmühle/ Windrad<br>Windmill/ Windpower<br>Moulin à vent/ Éolienne |
| **i** | Tourist-Information<br>Tourist information center<br>Syndicat d'initiative |
| **K B** | Konsulat/ Botschaft<br>Consulate/ Embassy<br>Consulat/ Ambassade |
| | Wald/ Park, Friedhof<br>Forest/ Park, Cemetery<br>Fôret/ Parc, Cimetière |
| | Weinberg<br>Vineyard<br>Vignoble |
| | Heide/ Moor, Sumpf<br>Heath/ Marsh, Swamp<br>Lande/ Marais, Marécage |

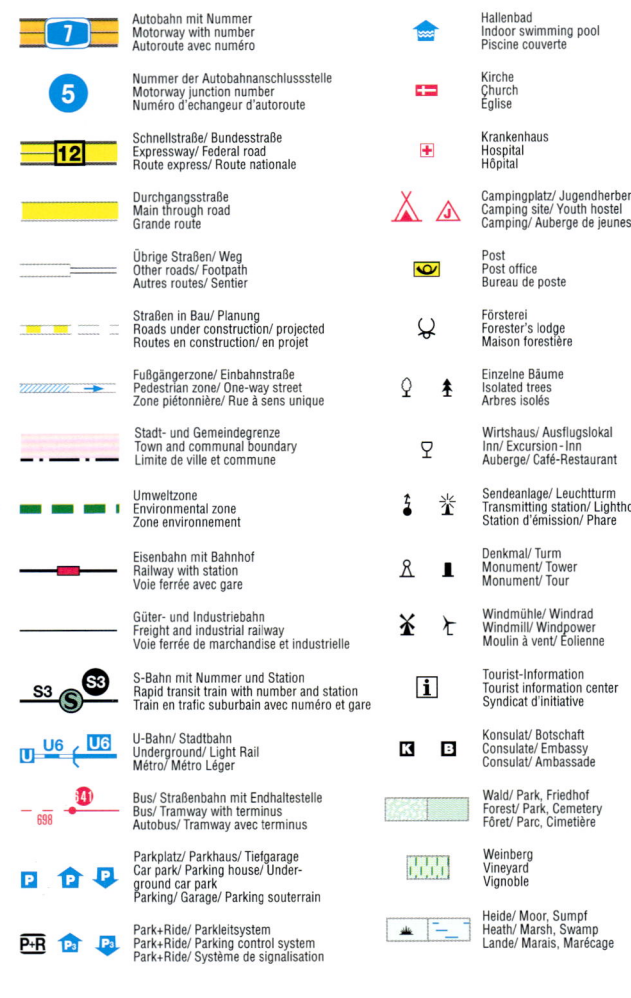

Schlosshotel Cecilienhof

# REGISTER

*Im Register finden Sie alle Sehenswürdigkeiten, Ausflugsziele sowie wichtige Persönlichkeiten. Halbfette Seitenzahlen verweisen auf den Haupteintrag, kursive auf ein Foto.*

# IMPRESSUM

## > SCHREIBEN SIE UNS!

### *Liebe Leserin, lieber Leser,*

wir setzen alles daran, Ihnen möglichst aktuelle Informationen mit auf die Reise zu geben. Dennoch schleichen sich manchmal Fehler ein – trotz gründlicher Recherche unserer Autoren/innen. Sie haben sicherlich Verständnis, dass der Verlag dafür keine Haftung übernehmen kann.

Wir freuen uns aber, wenn Sie uns schreiben.

Senden Sie Ihre Post an die
MARCO POLO Redaktion,
MAIRDUMONT, Postfach 31 51,
73751 Ostfildern,
info@marcopolo.de

## IMPRESSUM

Titelbild: Stiftung Preussische Schlösser und Gärten Berlin-Brandenburg: Wolfgang Pfauder
Fotos: Filmpark Babelsberg (U. M., 4 r., 56/57, 92/93, 93); Fotostudio Böttcher (2 r., 3 l., 21); Brille und Bauch, Agentur für Kommunikation KG (13 u.); BSM excursion GmbH & Co. art + life KG, 2008 (14 u.); Dr. Burkhart (26); Café Sister's (15 o.); J. A. Fischer (U. r., 78, 87); Förderverein Pfingstberg in Potsdam e.V. (101 M. r.); Fotografie + Illustration Anja Isabel Schnapka (13 o.); fotolia.com: Renaud Pacouil (12 u.); R. Freyer (2 l., 3 M., 3 r., 5, 8/9, 11, 19, 37, 44, 47, 51, 52, 55, 59, 60/61, 62, 65, 66, 68/69, 70, 72/73, 76/77, 99, 102/103); Gasthof zur Linde (14 u.); GPM Gastro-Projekt-Management GmbH (100 o. l.); HB-Verlag: Specht (104); Hyzernauts Disc Golf Verein: Peter Degener (100 M. r.); F. Ihlow (U. r., 6/7, 16/17, 30, 49, 82/83,94/95, 110/111); iStockphoto.com: Paul Johnson (100 M. l.); Just-for-fun-Potsdam (100 u. r.); Laif: Buessemeier (67, 92), Kirchner (4 l., 20/21, 88), Rodtmann (20); Laif/Zenit: Langrock (75); Lade: Andree (109); Mauritius: imagebroker (22/23), Mehlig (91); Salsa Exclusive: Jörg Frank © joerg-frank.de (14 o.); H. Schlemmer (96); Stiftung Preussische Schlösser und Gärten Berlin-Brandenburg: Hans Bach (32, 40, 43), Daniel Lindner (34), Michael Lüder (29), Gerhard Murza (84), Wolfgang Pfauder (1, 28); Leo Seidel (39); Stilbruch Lounge (101 u. r.); Strandbad Caputh GbR (15 u.); K. Sucher (81, 131 l.); Walhalla: Maulwurf GmbH (101 M. l.); Wellnest: Jürgen Tapprich (101 o. l.); Volker Wartmann (12 o.); B. Wurlitzer (127, 131 r.)

**8., aktualisierte Auflage 2008**
© MAIRDUMONT GmbH & Co. KG, Ostfildern
Verlegerin: Stephanie Mair-Huydts; Chefredaktion: Michaela Lienemann, Marion Zorn
Autoren: Bernd Wurlitzer, Kerstin Sucher; Redaktion: Marlis von Hessert-Fraatz
Programmbetreuung: Cornelia Bernhart, Jens Bey; Bildredaktion: Barbara Schmid, Gabriele Fost
Szene/24h: wunder media, München
Kartografie Reiseatlas: © MAIRDUMONT, Ostfildern
Innengestaltung: Zum goldenen Hirschen, Hamburg; Titel/S. 1–3: Factor Product, München
Sprachführer: in Zusammenarbeit mit Ernst Klett Sprachen GmbH, Stuttgart, Redaktion PONS Wörterbücher

# FÜR IHRE NÄCHSTE REISE

## gibt es folgende MARCO POLO Titel:

### DEUTSCHLAND
Allgäu
Amrum/Föhr
Bayerischer Wald
Berlin
Bodensee
Chiemgau/Berchtes-
  gadener Land
Dresden/Sächsische
  Schweiz
Düsseldorf
Eifel
Erzgebirge/Vogtland
Franken
Frankfurt
Hamburg
Harz
Heidelberg
Köln
Lausitz/Spreewald/
  Zittauer Gebirge
Leipzig
Lüneburger Heide/
  Wendland
Mark Brandenburg
Mecklenburgische
  Seenplatte
Mosel
München
Nordseeküste
  Schleswig-
  Holstein
Oberbayern
Ostfriesische Inseln
Ostfriesland/
  Nordseeküste
Niedersachsen/
  Helgoland
Ostseeküste
  Mecklenburg-
  Vorpommern
Ostseeküste
  Schleswig-
  Holstein
Pfalz
Potsdam
Rheingau/
  Wiesbaden
Rügen/Hiddensee/
  Stralsund
Ruhrgebiet
Schwäbische Alb
Schwarzwald
Stuttgart
Sylt
Thüringen
Usedom
Weimar

### ÖSTERREICH | SCHWEIZ
Berner Oberland/
  Bern
Kärnten
Österreich
Salzburger Land
Schweiz
Tessin
Tirol
Wien
Zürich

### FRANKREICH
Bretagne
Burgund
Côte d'Azur/
  Monaco
Elsass
Frankreich
Französische
  Atlantikküste
Korsika
Languedoc-
  Roussillon
Loire-Tal
Normandie
Paris
Provence

### ITALIEN | MALTA
Apulien
Capri
Dolomiten
Elba/Toskanischer
  Archipel
Emilia-Romagna
Florenz
Gardasee
Golf von Neapel
Ischia
Italien
Italienische Adria
Italien Nord
Italien Süd
Kalabrien
Ligurien/
  Cinque Terre
Mailand/Lombardei
Malta/Gozo
Oberital. Seen
Piemont/Turin
Rom
Sardinien
Sizilien/
  Liparische Inseln
Südtirol
Toskana
Umbrien
Venedig
Venetien/Friaul

### SPANIEN | PORTUGAL
Algarve
Andalusien
Barcelona
Baskenland/Bilbao
Costa Blanca
Costa Brava
Costa del Sol/
  Granada
Fuerteventura
Gran Canaria
Ibiza/Formentera
Jakobsweg/Spanien
La Gomera/El Hierro
Lanzarote
La Palma
Lissabon
Madeira
Madrid
Mallorca
Menorca
Portugal
Spanien
Teneriffa

### NORDEUROPA
Bornholm
Dänemark
Finnland
Island
Kopenhagen
Norwegen
Schweden
Südschweden/
  Stockholm

### WESTEUROPA | BENELUX
Amsterdam
Brüssel
Dublin
England
Flandern
Irland
Kanalinseln
London
Luxemburg
Niederlande
Niederländische
  Küste
Schottland
Südengland

### OSTEUROPA
Baltikum
Budapest
Estland
Kaliningrader
  Gebiet
Lettland
Litauen/Kurische
  Nehrung
Masurische Seen
Moskau
Plattensee
Polen
Polnische Ostsee-
  küste/Danzig
Prag
Riesengebirge
Russland
Slowakei
St. Petersburg
Tschechien
Ungarn
Warschau

### SÜDOSTEUROPA
Bulgarien
Bulgarische
  Schwarzmeerküste
Kroatische Küste/
  Dalmatien
Kroatische Küste/
  Istrien/Kvarner
Montenegro
Rumänien
Slowenien

### GRIECHENLAND | TÜRKEI | ZYPERN
Athen
Chalkidiki
Griechenland
  Festland
Griechische
  Inseln/Ägäis
Istanbul
Korfu
Kos
Kreta
Peloponnes
Rhodos
Samos
Santorin
Türkei
Türkische Südküste
Türkische Westküste
Zakinthos
Zypern

### NORDAMERIKA
Alaska
Chicago und
  die Großen Seen
Florida
Hawaii
Kalifornien
Kanada
Kanada Ost
Kanada West
Las Vegas
Los Angeles
New York
San Francisco
USA
USA Neuengland/
  Long Island
USA Ost
USA Südstaaten/
  New Orleans
USA Südwest
USA West
Washington D.C.

### MITTEL- UND SÜDAMERIKA
Argentinien
Brasilien
Chile
Costa Rica
Dominikanische
  Republik
Jamaika
Karibik/
  Große Antillen
Karibik/
  Kleine Antillen
Kuba
Mexiko
Peru/Bolivien
Venezuela
Yucatán

### AFRIKA | VORDERER ORIENT
Agypten
Djerba/
  Südtunesien
Dubai/Vereinigte
  Arabische Emirate
Israel
Jerusalem
Jordanien
Kapstadt/
  Wine Lands/
  Garden Route
Kenia
Marokko
Namibia
Qatar/Bahrain/
  Kuwait
Rotes Meer/Sinai
Südafrika
Tunesien

### ASIEN
Bali/Lombok
Bangkok
China
Hongkong/
  Macau
Indien
Japan
Ko Samui/
  Ko Phangan
Malaysia
Nepal
Peking
Philippinen
Phuket
Rajasthan
Shanghai
Singapur
Sri Lanka
Thailand
Tokio
Vietnam

### INDISCHER OZEAN | PAZIFIK
Australien
Malediven
Mauritius
Neuseeland
Seychellen
Südsee

Die Journalisten Kerstin Sucher und Bernd Wurlitzer leben in Berlin. Beide haben sich auf die neuen Bundesländer spezialisiert. Durch zahlreiche Publikationen sind sie als profunde Kenner von Potsdam und dem Land Brandenburg bekannt (www.tourismus-journalisten.de).

### Woher kommt ihre Liebe zu Potsdam?

**K. S.:** Viele Jahre habe ich in der Kulturstadt Weimar gelebt und gearbeitet. Potsdam bietet mir Ähnliches wie Weimar. Und da es quasi vor der Haustür von Berlin liegt, mit der S-Bahn bequem zu erreichen ist, sind wir oft dort.
**B. W.:** Schon als Kind waren meine Eltern mit mir in Potsdam, und für meine journalistische Tätigkeit bin ich häufig in der Stadt, schreibe vor allem über die Museen und Schlösser.

### Was mögen Sie an dieser Stadt?

**K. S.:** Kultur gibt es reichlich, auch eine Fülle von Restaurants, dazu die wunderschönen Schlösser, die herrlichen Parks. Und alles ist überschaubar, liegt relativ dicht beieinander.

### Was genau machen Sie beruflich?

**B. W.:** Bereits zu DDR-Zeiten war ich als freier Journalist tätig, damals wie heute auf den Gebieten Tourismus, Kultur, Gastronomie, Hotellerie. Studiert habe ich Journalistik und Foto-Design. Von mir gibt es unter anderem mehr als drei Dutzend touristische, kunstgeschichtliche und landeskundliche Bücher.

**K. S.:** Ich bin Diplom-Sprachmittlerin, in Weimar war ich für das touristische Auslandsmarketing zuständig und bin von London bis Tokio gereist, um Weimar in der Welt bekannt zu machen. Seit einigen Jahren arbeite ich mit Bernd zusammen, habe mit ihm Reiseführer geschrieben und aktualisiere sie. Ferner sind wir für deutschsprachige Zeitungen im Ausland tätig. Und sehr viel Zeit beansprucht die viel besuchte Website *www.rasch-mal-weg.info*, für die Bernd Redaktionsleiter ist.

### Bleibt da noch Zeit für Hobbys?

**K. S.:** Ja – man muss sie nur manchmal geschickt mit dem Beruf verbinden. Ich mag klassische Musik und Sprachen, ein guter Roman gehört stets ins Reisegepäck. Bernd versucht permanent den großen Stapel touristischer Fachliteratur und Presseinformationen abzuarbeiten, was ihm aber nie gelingt, weil täglich Neues hinzukommt.

### Wie steht's mit Ihrer Leidenschaft für die Küche dieser Region?

**B. W.:** Aber ja, ich mag Aal gekocht in Dillsauce, Kerstin wählt besonders gern Zander nach Spreewälder Art.

# > BLOSS NICHT!

## Zu spät kommen

Wenn Sie in den Ferienmonaten erst am späten Nachmittag auf eine Eintrittskarte für das Schloss Sanssouci hoffen, dann haben Sie sicher Pech. Mittags sind oftmals schon alle Karten verkauft, denn aus restauratorischen Gründen ist die tägliche Besucherzahl begrenzt.

## Den Obstwein unterschätzen

„Bretterknaller" wird der Obstwein aus Werder bei Potsdam bezeichnet, denn er hat einen Alkoholgehalt von 14 Prozent. Böse Erfahrungen musste schon manch einer machen, der den süffigen Sauerkirsch-, Erdbeer-, Schwarze Johannisbeer- oder Apfelwein wie Fruchtsaft in sich hineinschüttete.

## Mit dem Auto fahren

Gut beraten ist, wer den Pkw parkt und für den Rest des Tages nicht wieder einsteigt, um seine Nerven zu schonen. Denn für Gäste erscheint die Verkehrsführung oftmals chaotisch. Zum anderen: Zu Fuß oder mit dem Fahrrad sehen Sie vieles, was Ihnen als gestresster Autofahrer entgeht.

## Leichtsinnig sein

Bei südlichen bis südwestlichen Winden kann sich der Schwielowsee in ein gefährliches Gewässer verwandeln. Nicht wenige Bootsfahrer hat der plötzlich aufkommende Wellengang schon in Lebensgefahr gebracht

## Unachtsam sein

In Warenhäusern oder öffentlichen Verkehrsmitteln achtet mittlerweile jeder auf seine Taschen. Wer tut das aber schon am Eingang zum Schloss Sanssouci? Hier glaubt man sich im Kreis von Kunstfreunden und schenkt Geldbörse, Brief- und Handtasche keine Aufmerksamkeit. Taschendiebe haben das mitbekommen und mischen sich als auskunfts- und diskutierfreudige Potsdamkenner unter die Wartenden.

## In den Parks herumtoben

Die Rasenflächen in den Parks von Sanssouci, Babelsberg und im Neuen Garten dürfen Sie nicht betreten, denn sie gehören mit zum geschützten Welterbe. Ihr Rad müssen Sie, abgesehen von wenigen offiziell dafür zugelassen Wegen, schieben. Verboten sind Inlineskates, Ballspielen und Musik, Hunde sind anzuleinen. Verstöße gegen die Parkordnung werden gnadenlos geahndet. Die Buß- und Verwarnungsgelder sind drastisch: 10–10 000 Euro können kassiert werden. Bereits das Lagern auf Wiesen kostet bis zu 35 Euro!

## Stöckelschuhe tragen

Denken Sie an die Filzpantoffeln, die Sie in Schloss Sanssouci, im Neuen Palais, in den Neuen Kammern, im Marmorpalais und im Orangerieschloss über Ihre Schuhe ziehen müssen; manche Dame mit Pfennigabsätzen kam da schon aus dem Gleichgewicht.